Werner Georg Haverbeck · Entschluß zur Erde

Werner Georg Haverbeck

Entschluß zur Erde

Zerstörung

und Leben in unserer Hand

Urachhaus

CIP-Kurztitelaufnahme der Deutschen Bibliothek

Haverbeck, Werner Georg:

Entschluß zur Erde: Zerstörung u. Leben in unserer Hand/
Werner Georg Haverbeck. –
Stuttgart: Urachhaus, 1983.
ISBN 3-87838-382-7

ISBN 3 87838 382 7

Satz und Druck der Offizin Chr. Scheufele, Stuttgart.

Inhalt

Vorwort

Die nachfolgenden drei Vorträge sind ihrem Inhalt nach im Laufe der letzten Jahre in vielen öffentlichen Veranstaltungen gehalten worden. In ihnen wird der Versuch unternommen, einem vielfach geäußerten Bedürfnis entsprechend, die geistigen Hintergründe unserer gegenwärtigen Krise und die wesenhaften Impulse zu einer »Erneuerung an Haupt und Gliedern« aufzuhellen, wie sie zur Zeit in der ökologischen Bewegung zum Schutze der Umwelt und des Lebens und in der Friedensbewegung erkennbar werden.

Eine kaum mehr überschaubare Literatur beschäftigt sich bereits mit der philosophischen Begründung dieser Zeiterscheinung, und die Frage nach einer »Theologie der Natur« ist längst ausgesprochen. Solche Bemühungen sind unerläßlich, wenn dieser Aufbruch insbesondere der jungen Generation nicht an Tiefgang verlieren und schließlich wieder verebben soll. Die negativen Folgen wären unabsehbar.

Der Verfasser ist seit langem in verantwortlichen Positionen innerhalb der Lebensschutz- und Friedensbewegung tätig, ist aber auch im besonderen mit deren Fragen vertraut. Er bemüht sich daher, in einer durchaus freilassenden und nach Möglichkeit jedem unbefangenen Hörer und Leser zugänglichen Sprechweise die Probleme dieser Zeit darzustellen. Er bezeichnet dies gern als eine »ökumenische« Sprache, wobei er in diesen Begriff nicht nur Christen verschiedener Konfession, sondern auch vorurteilslose Humanisten jeder Observanz und selbstverständlich auch Marxisten und sogenannte »Atheisten« einbezieht. Er möchte damit zu einem weltweiten »Gespräch« beitragen, wie es ihm in Offenheit, Vertrauen und vor allem gegenseitiger Duldsamkeit für die Rettung der Menschheit aus der gegenwärtigen Gefahr unabdingbar erscheint.

Die tödliche Bedrohung von Erde und Mensch und was zu ihrer Abwendung geleistet werden kann, wird in drei Kapiteln, die zwar – dem ursprünglichen Vortragscharakter entsprechend – jedes für sich selbst stehen, jedoch als einander stützende Pfeiler eines gemeinsamen Ganzen verstanden werden mögen, beschrieben. Als die vordringlichen Aufgaben unserer Zeit stellen sich dar:

die Erde zu retten,
den Frieden zu gewinnen,
die Freiheit zu sichern.

Möge dies – woher auch der einzelne seine Kraft gewinnt – den zu vereinenden Anstrengungen *aller* derjenigen gelingen, »die eines guten Willens sind«!

Werner Georg Haverbeck

Uns ist die Erde anvertraut

DIE VERANTWORTUNG DER CHRISTEN

Wird die Erde zur Wüste?

»Und die Erde war wüst und leer...« So heißt es in der klassischen Schöpfungsgeschichte des Alten Testamentes Israels. »Und die Erde wird wüst und leer«, so kann es einmal im dritten Jahrtausend nach Christi Erscheinung lauten. Denn »die Wüste wächst«!

Bereits 1977 kamen in Nairobi 1500 Delegierte aus 95 Ländern zur ersten Konferenz der Vereinten Nationen über Wüstenentstehung zusammen. Bei diesem Treffen wurde beschlossen, der inzwischen bekannt gewordenen unheilvollen Entwicklung möglichst bis zum Jahre 2000 ein Ende zu setzen. Denn »wenn es uns nicht gelingt, der fortschreitenden Vernichtung von Nutzland einen Riegel vorzuschieben«, warnte der frühere Generaldirektor der Ernährungs- und Landwirtschaftsorganisation der Vereinten Nationen, Dr. Addeke Boerma, »werden die heutigen Welternährungsprobleme einmal *winzig* erscheinen im Vergleich zu dem, was auf uns zukommt.«

Und er wußte, wovon er sprach: Die Wüstengebiete der Erde breiten sich immer mehr aus. Die Sahara dringt stellenweise 50 km pro Jahr nach Süden und hat in den letzten 50 Jahren allein 650000 Quadratkilometer Nutzland verschüttet. Die Wüste Tahr nimmt bald ein Fünftel des indischen Staatsgebietes ein. Im Nahen Osten, im Iran, in Argentinien, in Südafrika und auch in Sibirien und China und den USA sieht es nicht besser aus. 43 % des Festlandes sind Wüsten oder Trockenzonen mit einem Jahresniederschlag von durchschnittlich weniger als 350 Millimeter.[1]

Wüste wird, wo kein *Wasser* ist. Um unseren Lebensquell, das Wasser, ist es schlecht bestellt. Im Ruhrgebiet muß es siebenmal aufbereitet werden, um achtmal durch den menschlichen Organismus zu fließen. Weil es »Mangelware« geworden ist! Denn der Bedarf an Wasser durch Industrieproduktion ist dauernd gewachsen. Der Grundwasserspiegel ist durch unsere Eingriffe in die Natur immer mehr gesunken. Auf der internationalen Wasserschutz-Konferenz 1980 wurde die Rationierung des Wassers ernsthaft erörtert, zumindest müsse die Preisgestaltung, von einer bestimmten Verbrauchsquote an, einer weiteren Vergeudung Einhalt gebieten, indem die Kosten pro Liter denen des Treibstoffs an den Tankstellen angeglichen werden sollen.

Zu sprechen ist in diesem Zusammenhang von einer »Brunnenvergiftung«, die in vorangegangenen Zeiten als größtes Verbrechen geahndet worden wäre und die heute gang und gäbe wurde: Die in das Grundwasser eingedrungenen oder im Oberflächenwasser enthaltenen Rückstände von Pestiziden und Chemikalien verschiedener Art bedeuten eine unmittelbare Gefahr für den Menschen. Welch ein Weg von jenem bekannten Wort des Thales von Milet: »*Ariston men hydor*« – »Das Beste aber ist das Wasser« bis heute!

Die Vergiftung unserer Grundnahrungsmittel findet einen bestürzenden Ausdruck in der Tatsache, daß nach dem Bonner Lebensmittelgesetz das Stillen von Säuglingen durch die Mutter verboten werden müßte wegen der schweren Belastung der Muttermilch durch Schadstoffrückstände.[2] Es ist kaum zu begreifen, daß angesichts der Wichtigkeit dieser Lebensquelle für das junge Menschenkind sich gegen die Ursachen dieser Folgen nicht schon längst ein entschiedener Widerstand erhoben hat. Der Grund für diese Vergiftung liegt bekanntlich in der immer noch möglichen und oft allzu leichtfertigen Verwendung von chemischen Giften für Schädlings- und Unkrautbekämpfung, die außer den »Abfällen« bei der industriellen Produktion über den Boden bereits unmittelbar in die Nahrungskette von Tier und Mensch oder in das Grundwasser gelangen.

Über die Schwermetallbelastung landwirtschaftlicher Flächen erfahren wir, daß bereits 7 % der landwirtschaftlichen Nutzflächen der Bundesrepublik Deutschland heute mit Schwermetallen in einem solchen Maße belastet sind, daß ihre Nutzungsbeschränkung erwogen werden muß. Mit einer entsprechenden Nutzungsbeschränkung für einen wesentlichen Teil der übrigen 93 % müsse in etwa 30–70 Jahren gerechnet werden, »wenn nicht unverzüglich einschneidende, d.h. zur Verhinderung weiterer Schwermetallbelastungen geeignete Maßnahmen getroffen würden«.[3] Wo wächst dann »unser täglich Brot«?

Wasser und Erde, aber auch die Luft, die wir atmen, sind von solchen Giften durchsetzt. Der »saure Regen«, der von den Abgasen der Industriegebiete gesättigt, über weit entfernten Gebieten ebenso niedergeht wie über unseren eigenen, hat weitgehend in norwegischen und schwedischen Seen das Leben vollständig abgetötet. Jährlich strömen z. B. aus den Schornsteinen der Kraft- und Fernheizwerke und industriellen Produktionsstätten der Bundesrepublik 180 kg Schwefeldioxyd pro Hektar. Sie stellen an der Vergiftung unserer Luft einen Anteil von 84 %. Daraus entstehender Regen, der bei Pforzheim untersucht wurde, hatte einen pH-Wert, der schwacher Zitronensäure entsprach.

Unsere Luftvergiftung, die wir unmittelbar kaum wahrnehmen, bedroht tödlich unsere Wälder. Nachdem schon Mitte der siebziger Jahre die Fichte, das von uns im Weihnachtsbaum gefeierte »immergrüne Symbol des Lebens und der Hoffnung«, von einer vernichtenden Krankheit befallen worden ist, sind jetzt in der Bundesrepublik 50000 Hektar Tannenwald »krankgemeldet«. Von 1980 bis 1981, also in einem Jahr, hat sich innerhalb der Beobachtungsflächen die Zahl der erkrankten Bäume nahezu verdoppelt. Fast alle Tannen zeigen Krankheitserscheinungen, knapp die Hälfte der Fichten ist am Absterben, und der Kiefernbestand ist gefährlich bedroht. Von einer Konferenz des Umweltbundesamtes Berlin mit Forstexperten erhalten wir die bestürzende Alarmmeldung, daß nun auch die Laubwälder aufs äußerste gefährdet sind. Schwefeldioxyd, Schwermetalle, Säureregen und andere Gase schädigen die Bäume von außen, während die Schwermetalle Pflanzen auch über die Wurzeln von innen angreifen. Daher sind unverzüglich durch eine entsprechende strenge Gesetzgebung Rettungsmaßnahmen einzuleiten, soll ein nicht wieder gutzumachender Schaden wirksam verhindert werden. Unser Wald, der einst in den heiligen Hainen der Frühzeit als die Wohnung der Götter geehrt wurde, liegt im Sterben.

Wälder sind die Lungen der Natur. Die sogenannten »Regenwälder« in den Tropen und insbesondere am Amazonas sind Atmungsorgane der Erde, denen wir auch hier unser Leben verdanken. Darum sind die Berichte über den Raubbau an den tropischen Regenwäldern von erschrekkender Bedeutung: Von 5,4 Millionen km^2 sind bereits 2 Millionen nicht mehr existent. Auf den Satellitenrasterbildern des Amazonasgebiets zeichnet sich deutlich der Prozeß der rapiden Zerstörung ab. In zwei bis drei Jahrzehnten kann das dortige Ökosystem endgültig zerstört sein.

»Die Wüste wächst! Weh' dem, der Wüsten birgt!«, so warnte Friedrich Nietzsche vor Beginn dieses Jahrhunderts. Dem Wachstum der Wüsten und der »Verwüstung« der Erde durch den Menschen entsprechen die »Wüste«, die in unserem Inneren wächst, und die Verwüstung unseres sozialen Lebens.

Zu den Krankheitserscheinungen der Erde treten die Zivilisationserkrankungen des Menschen hinzu. Es steht außer Zweifel, daß die enorme Zunahme des Krebses eine Folgeerscheinung unserer Vergiftung der Natur ist. Aber auch die seelischen Krankheiten, als Folge der fortschreitenden Korrumpierung des Menschenwesens, nehmen in bedrohlicher Weise zu. In seiner beachtenswerten Untersuchung »Leben und Überleben« macht der Tübinger Professor Harald Stumpf auf die Steigerung der Suchtgefahren aufmerksam: Bereits 1974 wurden für Tabakkonsum 15,2 Milliarden DM, für Alkohol 30 Milliarden DM und für Zuckerwaren 15 Milliarden DM aufgewandt. Berücksichtigt man den Suchtcharakter, den für nicht wenige Menschen das Auto hat, kommen für die meist aus zu schnellem Fahren entstandenen Verkehrsunfallkosten noch 16,5 Milliarden dazu. Lassen wir die schwer erfaßbaren Kosten durch Drogensucht und Medikamentenmißbrauch außer acht, so beziffert sich der auf Suchtkosten zu veranschlagende Betrag damals schon auf ungefähr sechs Siebentel des Bundeshaushaltes. Furchtbarer sind die Folgen einer inneren Ver-wüstung des Menschen: Das »US National Committee Against Mental Illness« berichtet, daß 20 % der USA-Bevölkerung, das sind mehr als 40 Millionen, der Gruppe der Kranken und Geschädigten, der Arbeitsunfähigen und Ausgeflippten und Drogenabhängigen angehören und in Heimen und Anstalten interniert oder sonstwie aus der Gesellschaft ausgestoßen sind.[4] *Das ist die Wüste unserer Zivilisation*, in die der einst so gepriesene »American way of life« führte: Heute breitet sich diese über die ganze Erde aus. Was eigentlich muß noch geschehen, um die Menschen aufzuwecken?

Der Urheber des Angriffs gegen die Schöpfung und die Axt des Bonifatius

Das Titelbild einer weit verbreiteten, hervorragend informierten Zeitschrift für Natur veranschaulichte die Zerstörung des Regenwaldes in den Tropen durch eine Axt, deren Schneide als Profil Mephistos erscheint.[5] Wo bei einem Menschenhaupt die Hirnschale sich wölben würde, ist ein Golddollar sichtbar, und aus dem die Axt am Stiel befestigenden Goldring hängt eine zerbrochene rote Nelke: einst die Hoffnungsblume der Sozialisten, deren etablierte Systeme heute in der gleichen Weise wie das kapitalistische an der industriellen Zerstörung der Welt mitwirken. Hier versucht ein sehender Künstler zu Recht den *Urheber* der Umweltkatastrophe zu deuten. Es ist »der Geist, der stets verneint«, nach dessen Willen »alles, was entsteht, wert ist, daß es zugrunde geht«. »So ist denn alles, was ihr Sünde, *Zerstörung*, kurz das Böse nennt, mein eigentliches Element!«, so bekannte Mephisto ja dem Dr. Faust Goethes. Darum bemühte er sich bereits im »Paradies«, dem Urzustand unserer Welt, das Erkenntnisstreben des Menschen in seinen Dienst zu stellen. So liegt ihm daran, daß dieser von der Frucht der Erkenntnis ißt, damit aus gewonnenem Wissen die Zerstörung der jungen Schöpfung eingeleitet werden kann. Darum verheißt er: »Sicut eritis Deus« – »Ihr werdet sein wie Gott!« Dieses luziferische Bewußtsein, »den Göttern gleich« *über* die

Natur kraft Einsicht in deren Gesetze beliebig verfügen zu können, kennzeichnet das herkömmliche naturwissenschaftliche Denken und das daraus abgeleitete technische Handeln. Indem beide gesteigert wurden zur Planung und Vorbereitung einer Rüstungsindustrie, die ausschließlich zur infernalischen Zerstörung bestimmt ist, wird das Denken selbst ver-wüstet. Ein verwüstetes Denken kann die Erde zur Wüste verwandeln.

Es ist allerdings nicht das Denken schlechthin, in dem Philosophen unserer Zeit (u.a. Ludwig Klages) die Ursache der Zerstörung der Natur zu erkennen meinten, sondern ein dem Leben feindliches Denken, das sich von dessen Urgrund gelöst hat. Es kann ein »emanzipatorisches« Denken genannt werden, das sich aus dem Lebenszusammenhang herauslöst und durch das ausschließlich intellektuelle Fähigkeiten ausgebildet werden. Dieser Gefahr ist der Mensch ausgesetzt, seitdem er zum Denken erwachte. Sollte der Mensch die ihm in der Evolution des Lebens zugefallene Aufgabe erfüllen, ein denkendes Wesen zu werden, dann war allerdings ein Abstand von der Natur unerläßlich: Nur aus dem »Gegen«-über sind Wahrnehmung und Erkenntnis des »Gegen«-standes möglich. Wer – wie es in der Schöpfungsgeschichte des Alten Testaments heißt – den Lebenserscheinungen »ihren Namen geben soll« (Moses I, 2, 19), d.h. zur Wahrnehmung den Begriff hinzufügen, muß auf Abstand gehen wie ein Maler, der von seiner Staffelei zurücktritt, um das Bild als ganzes zu erfassen. Die aus dem Erkenntnisakt folgernde Zweipoligkeit von Mensch und Natur ist also eine weltgeschichtliche Notwendigkeit. Als »Dualismus« kann dies jedoch zum

»Sündenfall« einer völligen Absonderung führen, zu einer bleibenden »Gegen«-sätzlichkeit, ja zur Feindseligkeit. Die Natur wird als »Gegen«-satz zum Menschen empfunden, als eine Macht, die ihm »Wider«-stand leistet, und die er daher zu überwinden trachtet. Er sieht es dann geradezu als seine menschliche Aufgabe an, sie sich zu unterwerfen: »Macht euch die Erde untertan!« – Nach der Genesis ist dies allerdings dem Menschen im Zustand des »Paradieses«, also der Unschuld, zugesprochen! – Ist die Unterwerfung zu einem Teil gelungen, so verhält er sich der Natur gegenüber wie ein orientalischer Despot, der seinen Fuß auf den Nacken des überwundenen Gegners setzt. Dieser bleibt seiner Gnade ausgeliefert. Verhalten wir uns der Natur gegenüber vielfach nicht bis heute so, wenn z.B. nach unserem geltenden bürgerlichen Recht bezeichnend genug das Tier immer noch als eine »Sache« gilt? Dieser »Sündenfall des Geistes« erhielt seinen Ausdruck im religiösen Bereich: Im Unterschied zu den Sendboten des Christentums aus den damaligen Waldländern Irland und Schottland leitete die aus dem Süden gelenkte Mission die Fällung der heiligen Bäume Germaniens ein und zerstörte damit mehr als nur Verehrungsstätten der im Walten der Natur geschauten göttlichen Schöpfermacht. Denn die Wurzeln der Volksgeistigkeit wurden durch die Axt des Bonifatius in folgenschwerer Weise verletzt – wie es auch die Absicht war –, als er repräsentativ die Donareiche bei Fritzlar fällte. Naturfeindlichkeit hielt damit in das Christentum Einzug und entfremdete den sich seiner selbst bewußt werdenden Menschen im Abendland mehr und mehr seiner alten innigen Beziehung zur Mutter Erde.

Dies führte in mönchischer Askese bis zur Verachtung des eigenen Leibes. Gewiß war die Lösung von der kindhaften Bindung des Menschseins an die Natur für die menschheitliche Evolution eine Notwendigkeit, so wie auch Söhne und Töchter sich aus dem Elternhaus heraus entwikkeln. Dennoch wuchs sich dieser Vorgang zu jenem verhängnisvollen Abstand aus, der das historische Christentum schwer belastete und es heute aus der ökologischen Bewegung heraus der Mitschuld an der Umweltkatastrophe zeiht. Ist es nicht bemerkenswert, daß das aufwendige Werbeheft eines großen Industrieverbandes auf dem Titelbilde einer von einem Regenbogen überwölbten Landschaft zitiert: »Macht euch die Erde untertan!«? Und so beruft sich – zur Rechtfertigung industrieller Einrichtungen in der Gegenwart – auch der nachfolgende Text auf diese durch Jahrhunderte mißbrauchte »Legitimation« und will damit augenscheinlich das erwachte Gewissen zum Stillschweigen bringen.

Nur in Gebieten mit einer starken volkstumshaften Überlieferung ging Naturfrömmigkeit in das kirchliche Leben ein. Spätestens seit Rudolf Steiner wissen wir, daß der hier dargestellte Widerspruch zwischen Geist und Natur das Wesen des Christentums verkennt, ja seinem Ursprung und seiner Mission völlig zuwider ist. Er ist ein Infekt, der überwunden werden muß als ein Sündenfall der Christenheit.

Die Überwindung des Versuchers

Die Aufgabe, sich selbst als Mensch in dieser Welt zu verstehen, ist immer wieder neu gestellt. »Es ist die Stimme eines Rufers in der Wüste...«, so heißt es von Johannes. Diese Stimme ruft auch in die Wüste unserer Zeit: »Denket um!« So lautet dieser Anruf – dem griechischen Urtext des Evangeliums gemäß. Luthers Übersetzung »Tut Buße!« nimmt dessen moralische Folgerungen voraus. »Ändert euer Denken, wandelt aus einem neuen Bewußtsein euer ganzes Sinnen und Trachten!«, das meint der Täufer. »Umdenken – Umschwenken!« ist das Echo aus der jungen ökologischen Bewegung von heute ganz im Sinne dieser Worte.

In der Einsamkeit der Wüste jener Zeit erfährt der Menschensohn – wie Matthäus und Lukas berichten – eine dreifache Versuchung. Die erste tritt an den Hungernden heran: »Lasse diese Steine zu Brot werden!« Das soll die Probe sein auf die göttliche Vollmacht des Menschensohnes. Die Natur ausschließlich unter dem Aspekt der eigenen Existenz zu verstehen, sich die ganze Natur zur Nahrung zu verwandeln, rät der Versucher. Das ist inzwischen der ganzen Menschheit zugerufen: »Eßt die Erde auf!« Wir haben längst damit begonnen, indem wir uns angewöhnt haben, alles nur unter dem Blickwinkel des »Konsums« anzuschauen. Wenn etwas »ver«-arbeitet wird, klingt dies im Sinne von Umgestaltung durchaus positiv, während das Wort »verwirtschaften« bezeichnenderweise nur negativ gebraucht werden kann. Es ist die Folge einer Sucht, die zu den bereits geschilderten Süchten gehört. Die »Konsum-Sucht« hat ihren Ursprung in der Sucht nach Materie. Sie ist eine Krankheit wie jede andere Sucht. Diese Krankheit hat den Menschen total ergriffen, sie ist konstitutionell geworden. Die Widerspiegelung dieser Suchtkrankheit in unserem Denken wird »Materialismus« genannt. Dieses Wort kennzeichnet zugleich eine Verhaltensweise wie eine Denkart.

»Materialismus« ist die Folge einer Gleichgewichtsverschiebung innerhalb der drei Wesensglieder des Menschseins: Die geistige und seelische Komponente wird überwältigt von der physischen. Es kann auch so ausgesprochen werden: Der seelisch-geistige Inhalt des Menschenwesens wird zugunsten des Leiblichen entleert. Wer nur das Vordergründige, die Oberfläche, das Materielle der Erscheinungen sieht, hat keinen Blick mehr für den seelisch-geistigen Hintergrund seines Lebens, für die Ganzheit, für die Substanz der Welt. Er entgöttert die Natur, deren bewegende Kräfte nicht mehr geschaut werden, für deren Wesenhaftigkeit der Mensch blind geworden ist. Die »Aufklärung« des 18. Jahrhunderts ist sowohl Folge als auch Ursache innerhalb dieses Vorganges der Geistesgeschichte der Menschheit. Sie fördert selbstverständlich den *pragmatischen* Materialismus in West und Ost und machte damit das Wirtschaftsleben zum ausschließlichen Inhalt und Wertmaßstab des Sinnens und Trachtens des europäisch-amerikanischen Menschen. Einer Seuche ver-

gleichbar hat sich diese materialistische Gesinnung über die ganze Erde ausgebreitet.

Die daraus hervorgehende individuelle Haltung muß zum *Egoismus* führen, da sich der einzelne in seinem »Kampf ums Dasein«, um seine ausschließlich physisch verstandene Existenz, auf sich selbst gestellt sieht. Wer das physische Sein verabsolutiert, muß zum Egoisten werden. Der Kampf aller gegen alle, gemildert durch »Interessengemeinschaften«, ist folgerichtig die Begleiterscheinung des gegenwärtigen auf Materialismus gegründeten Wirtschaftssystems. Durch dieses ist alles bewertbar und zumeist auch käuflich geworden, Ware wie Mensch.

Mit welchem Mittel kauft man Waren – und Menschen? Mit dem Geld. Als Instrument des Warenaustausches im Handel und damit des wirtschaftlichen Verkehrs von Menschen miteinander ist es zweifellos eine der genialsten Erfindungen. Aber entspricht es dem Sinn des Geldes, wenn es selbst zum Handelsobjekt wird? Wenn es – statt Umlaufmittel zu sein – zum Zwecke von Machtausübung willkürlich »geschöpft« und gehortet werden kann? Wenn man es »arbeiten« lassen kann, ohne selbst auch nur einen Finger zu rühren? Die Anhäufung von Geld nennen wir »Kapital«. Dieses Wort hat eine doppelte Bedeutung: Auch eine »Haupt«-sache wird mit dem Begriff »Kapital« gekennzeichnet. So sprechen wir von einem »Kapital«-verbrechen. Das Kapital ist zur »Haupt«-sache unseres modernen Wirtschaftslebens geworden. Dieses trägt daher zu Recht den Namen »Kapitalismus«. Er ist weltbeherrschend, ob als »Privat«-Kapitalismus oder als »Staats«-Kapitalismus, ob also das Kapital in der Verfügungsgewalt einzelner oder staatlicher Organisationen sich befindet. In jedem Fall ist das Geld zum absoluten wirtschaftlichen Wertmesser und heute sogar schlechthin zum Maßstab des Lebens des einzelnen und der Gesellschaft geworden. Es ist in unserer Zeit das Instrument für Herrschaft. Zu den aus dieser Tatsache entstandenen Machtverhältnissen bemerkte Rudolf Steiner[6]: »Man kann nicht die öffentlichen Angelegenheiten der zivilisierten Welt in der neuesten Zeit verstehen, wenn man nicht in ihnen eine Geschichte der Herrschaft des Bankierwesens sieht... Im neunzehnten Jahrhundert... wurde... maßgebend der Wucherer, will sagen: der Bankier. Wenn man nämlich aus wirklich sozial-ökonomischen Untergründen heraus eine Definition aufstellt – man vermeidet das sehr gern – des Bankiers, ...dann soll man nur ja nicht gleichzeitig suchen nach einer Definition des Wucherers. Denn diese beiden Definitionen werden einander gleichen... Aber das ist etwas, was die neuere Menschheit ebenso sorgfältig als ein Geheimnis gehütet hat, wie gewisse Geheimgesellschaften ihre ›Zahlen‹ und ›Worte‹ gehütet haben... Das ist das Geheimnis im sozialen Leben geblieben. Der Bankier wurde der Herrschende.«

Die Sucht nach der mühelosen Vermehrung des Geldes: nach Rendite und Rentabilität erzwingt geradezu eine ständige Steigerung der industriellen Produktion, die Mehrgewinn abwerfen muß, um das in die technischen Einrichtungen investierte Leihkapital zu verzinsen bzw. zurückzahlen zu können. »Kapitalismus« ist auf »Wachstum« der Wirtschaft hingeordnet und angewiesen. Das heißt aber: auf weitere Ausplünderung des Planeten und seiner immer rarer werdenden Rohstoffe für Verarbeitung und Energie, auf weitere mit fortschreitender Industrialisierung verbundene Zerstörung der »Umwelt« und des Menschen. Dieses System des Denkens und Handelns ist unvereinbar mit einer den Maßstäben der Natur gerecht werdenden, d.h. »ökologischen«, Verhaltensweise. Wer die göttliche Schöpfung erhalten will, muß nach einer anderen »Valuta« streben, eine neue »Währung«, also Wertung der Dinge und seines Lebens suchen. Ist es, zurückblickend auf die Folgen, verständlich, wenn ursprünglich das »Zinsnehmen« als mit dem Christentum ebenso unvereinbar erschien wie die Anwendung von Gewalt im Kriegsdienst und darum zunächst im Mittelalter den Christen verboten war? Als den Erfinder des modernen Geldwesens kennzeichnet Goethe im zweiten Teil des Faust in eindrucksvoller Weise den Mephisto. Es ist derselbe »Geist«, der den Sohn des Menschen in der Wüste versucht. Doch dieser widersteht der Versuchung des Wirtschaftslebens: »Der Mensch lebt nicht vom Brote allein, sondern von einem jeglichen Worte Gottes« (Lukas).

Damit wird auf das ganzheitliche Wesen des Menschen hingewiesen und die Kommunion mit der geistigen Welt, »Gott spricht«, wiederhergestellt. Durch die Entscheidung gegen den Materialismus wird die Voraussetzung für ein neues Gleichgewicht gewonnen. Für die ganze Menschheit, stellvertretend für ein neues Menschsein, als »Sohn des Menschen«, richtet Jesus von Nazareth eine neue Tafel auf: »Man kann nicht Gott dienen und dem Mammon!« »Mammon« kennzeichnet die Macht des Geldes, die im römischen Imperium bereits einen Höhepunkt erreicht hatte. In Berufung auf dieses »Gesetz« geht Jesus – dem Bericht von Johannes zufolge – bereits im Beginn seines Erdenwirkens mit Entschiedenheit und heiligem Zorn gegen diejenigen vor, die aus dem »Hause des Vaters« ein »Kaufhaus« gemacht haben. Der »Sanftmütige«, der Gewaltlose stößt die Tische der Wechsler und Kaufleute um und schwingt sogar die Geißel, um der Verunreinigung des Heiligtums durch die als Ware eingebrachten Tiere ein Ende zu bereiten. Das Wort »*oikos*«, das hier für den Tempel als »Haus des Vaters« steht, bedeutet in der griechischen Sprache im erweiterten Sinne »Heimat« und wurde im Begriff »Oikumene« für den ganzen bewohnten Erdkreis verwandt: für die »Heimat« des Menschen – im Sinne des germanischen »Mitgart« – und darf auch hier, uns inzwischen in der Bezeichnung »Ökologie« vertraut geworden, empfunden werden für die Schöpfung schlechthin. Die »Tempelreinigung« setzt ein für den Christen unübersehbares Zeichen für den notwendigen Kampf gegen die Ausbeutung und Schändung des Gotteshauses Erde.

Zwölf Jahrhunderte später wird Franz von Assisi in das Abendland hineingeboren, dem eine neue Weltenstunde geschlagen hat: der große Staufer Friedrich II. stößt das Tor zum Morgenland auf und holt die reiche Ernte arabischer Kultur auch ins westliche Europa. Handel und Wandel beginnen zu blühen und den Mittelmeerraum zu erfüllen. Da wird nicht nur der Reichtum in bisher unvorstellbarer Weise gemehrt, sondern auch eine neue Wirtschaftsstruktur anstelle der agrarischen begründet: die bürgerliche Geldwirtschaft entsteht. Als Leih-Kapital wird das

Geld zur Ware, die käuflich ist für entsprechende Zinsleistungen. Insbesondere in den oberitalienischen Städten wächst das Bankwesen. Im »Lombard« als einem bis heute gültigen Bankbegriff spiegelt sich die Herkunft aus der Lombardei wider. Es ist die Inkubationszeit des Kapitalismus. »Die Antwort der Mönche« auf die Fragen ihrer Zeit schildert Walter Dircks[7] für Franz von Assisi eindeutig genug: »Franz spürte, daß eine Gefahr heraufzog, eine tödliche Gefahr. Er sah, daß das Geld für viele ein positiver Fetisch war. Er spürte den Kapitalismus. Nicht den Kapitalismus als System, als Wirtschafts- und Sozialordnung, sondern den Kapitalismus als eine Kraftquelle der Seele. Er witterte das kommende Zeitalter; wie Benedikt dem Geiste des Schwertes seine *pax* entgegenstellte, so warf er dem Geiste des Geldes seine Liebe zur Armut entgegen... Soweit geht seine Absage an das Geld, daß die Brüder es nicht einmal um der Armut willen annehmen dürfen. Sie sollen es nicht aufheben, wenn sie es auf ihrem Wege finden: sie sollen es mit Füßen treten.«

Franziskus wird zum Wegweiser. Den Weg müssen wir selber gehen. Nicht *seine* Praktiken können für uns kanonische Bedeutung haben, doch seine Gesinnung sollte unser Lehrmeister werden: Der Kaufmannssohn, dem ein reiches Erbe mühelos zufallen soll, verschmäht das Gold und vermählt sich mit der von ihm geliebten »Frau Armut«. Er selbst lebt bedürfnislos in und *mit* der Natur. Er zeigt einen neuen Weg zu ihr, die er brüderlich-schwesterlich mit allen ihren Wesen an seine Brust zieht und in seinem bekenntnishaften »Sonnengesang« – einem neuen Credo zur Erde! – dankbar feiert. So wie der Ruf des Täufers: »Denket um!« heute seine eigentliche Bedeutung gewonnen hat, so ist auch die christliche Botschaft des Franz der Christenheit zu Beginn des durch Kapitalismus und Industrialismus geprägten Zeitalters »mit auf den Weg gegeben« – als eine »Vorsorge«, als eine »heilende Arznei« für eine mögliche und ja auch tatsächlich eingetretene lebensgefährliche Erkrankung. Wie kann diese überwunden werden?

Die verheißene Heilung von Mensch und Erde

»Der Mensch lebt nicht nur vom Brot allein, sondern von einem jeglichen Worte Gottes.« »Wort Gottes« ist allzulange ausschließlich verstanden worden als die in einer »Heiligen Schrift« manifestierte Offenbarung der geistigen Welt. Das Göttliche offenbart sich uns heute wieder in der ganzen Welt, im Kosmos und in der irdischen Natur wie in der Evolution des Lebens und in der Geschichte der Menschheit. So klärt uns auch die Wissenschaft der Anthropogenese, die Kunde vom Werden des Menschen in Stammesgeschichte und Embryologie, über die geheimnisvollen Baugesetze des menschlichen Leibes auf, der die Voraussetzung für die volle Verwirklichung des Menschseins darstellt. »Der Mensch« – so spricht es Rudolf Steiner aus – »ist eine Offenbarung des Geistes durch seinen Leib.«[8] Bei jeder Geburt wiederholt sich das gleiche Prinzip, aus dem der Menschenleib einst hervorging: nämlich die »Retention«. Was ist das?

Dieser anthropologische Begriff steht für die Tatsache, daß bei der Ausbildung des Kindes im Mutterleib die Natur nicht nur Zurückhaltung übt, sondern eine Zurücknahme vollzieht, durch die eine mögliche Spezialisierung der Gliedmaßen zu Werkzeugorganen wie bei den nächststehenden höheren Säugetieren strikt vermieden wird. Die menschliche Hand bleibt, allen anderen Spezialisierungen der Tierwelt entgegen, in ihrer fünfstrahligen Urgestalt erhalten und wird dadurch zum »Werkzeug der Werkzeuge«, das durch die Entwicklung von Technik der Fülle der Fähigkeiten im Tierreich entsprechen kann. Diese »Retention«, welche die Natur an jedem von uns vorgeburtlich wiederholt, gilt es durch uns *bewußt* zu handhaben. Das ist die heute fällige Weise »christlicher Askese«. Wir üben sie, indem wir uns bei allem technischen Handeln und bei jeder Produktion fragen, was unabdingbar für unser Leben notwendig *und* der Natur zumutbar ist. Nur durch das »rechte Maß« wird die Harmonie einer Gestalt innerhalb des Naturreiches erlangt. Dieses Maß in der Gestaltung unseres Lebens als Individuum und Gesellschaft und im Verhältnis zur Natur zu finden, wird fortan unsere größte Aufgabe sein. Deren Bewältigung allein kann nach der erkannten Diagnose zur Therapie, zur Heilung aus dem Geiste führen.

Was ist dafür zu tun? Die von uns bewußt aufzunehmende Retention schließt ein die Enthaltsamkeit aller Gewalttätigkeit gegenüber der Natur, sie ist die zwangsläufige Folge der über den Erdenhaushalt in unserer Zeit gewonnenen wissenschaftlichen Einsicht (Ökologie) und des Zusammenhanges zwischen Mensch und Erde (Anthroposophie). Eine solche Haltung entspricht der »Seligpreisung« in der Bergpredigt: »Selig sind die Sanftmütigen, denn sie werden das Erdreich besitzen.« Luthers Kennzeichnung »das Erdreich zu besitzen« ist allerdings der Korrektur bedürftig.

Diese Übersetzung stammt noch aus der Zeit der herkömmlichen Eigentumsvorstellungen. Heute erinnern wir uns der alten Weisheit: Niemand hat einen Anspruch auf »Besitz« an Erde. Sie ist ein Gotteslehen. So wurde es einst empfunden und gehandhabt. Ein Wort aus der ökologischen Jugendbewegung von heute lautet: »Wir haben die Erde von unseren Kindern geliehen!« Diese Einstellung ist unserer Verantwortung für die Zukunft der Erde angemessen. Sie verbietet uns, im eigenen Interesse über die Natur ohne Rücksicht auf kommende Geschlechter zu verfügen. Darum spricht der griechische Text des Neuen Testaments auch anders; dort heißt es: »seinen Anteil an der Erbschaft zu erhalten«. Darin ist enthalten das Wort *kleros* für »Ackerlos«, das uns unter der ausgesprochenen Voraussetzung der Bergpredigt zufallen kann. Doch auch im Begriff »Erbe« klingt die Vorstellung an, daß etwas weitergegeben wird von Generation zu Generation in der unterstellten Verpflichtung aus altbäuerlicher Gesinnung, es zu bewahren und zu mehren. »Mehrer des Reiches« zu werden, versprachen die Könige beim Krönungsschwur. Diese Haltung stünde auch dem königlich-freien Menschen gut an. Mit dieser dritten der »Seligpreisungen« als der neuen Magna Charta des Menschen hebt das Neue Testament das Alte endgültig auf: Das Wort vom »untertan« machen kann nicht mehr als Rechtfertigung dienen. Nach der Bergpredigt Christi darf sich niemand mehr darauf berufen.

Bedenken wir noch einmal die Haltung, die als Voraussetzung für die Erfüllung der Verheißung von uns erwartet wird: Das Wort »sanftmütig« klingt in unserer Welt uns vielleicht ein wenig weich oder gar sentimental, wo doch alles auf Selbstbehauptung anzukommen scheint. Gehen wir vom deutschen Wort zunächst aus, so erscheint es heute gar nicht ungewohnt, vom Mut zur »Sanftheit« zu sprechen, nachdem E. F. Schumacher die Forderung nach der »sanften Technologie« und Lovins nach der »sanften Energie« erhoben haben. Diese Losung der ökologischen Bewegung zielt bereits auf die Verwirklichung eines Verhaltens gegenüber der Natur hin, wie es gewiß nicht »zufällig« gerade im Zusammenhang mit der Erde in der Bergpredigt uns zugemutet wird. Man kann immer wieder nur erstaunen über die höchste Aktualität, die diese »alten« Worte für uns haben.

Das griechische Wort *prāos* – für »sanftmütig« enthält die Bedeutung »gelassen« sein, »gewogen«, »Gleichmut haben«. Die letzteren Begriffe erinnern an die Waage, auf der gewogen und die ins Gleichgewicht gebracht wird. Erst wenn wir auf unserer Seelenwaage unser Urteil »abgewogen« haben, sind wir im Gleichgewicht, in unserem Verhalten »ausgewogen«. Auf die ruhevolle Ausgeglichenheit also kommt es an, um nicht nur den Mitmenschen, sondern heute der Natur gerecht zu werden.

Ja, die indogermanische Wortbeziehung von *prāos* weist sogar auf das gotische »*frijon*« und neuhochdeutsche »freien, lieben« hin, auf den Begriff »Freund« hin. Ohne aus sprachwissenschaftlichen Ermittlungen sogleich eine Philosophie entwickeln zu wollen, kann es dennoch aufschlußreich sein, in den »Sanftmütigen« die »Liebenden« zu entdecken, und es wird uns dadurch verständlich, wenn in der ökologischen Bewegung Selbstbenennungen aufkamen wie »Freunde der Erde« oder die Losung »Die Macht den Liebenden«.[9] Das ist ganz »franziskanisch«

empfunden, denn in Liebe verbindet sich der Christus-Jünger der Natur als dem Menschen zugeordnet, und aus Liebe ist er bereit, für sie als »Lebenspartner« Opfer zu bringen. Darum lautet das neue Grundgesetz der Bergpredigt: »Glücklich zu preisen sind diejenigen, die das Gleichgewicht wiederherstellen, nachdem sie es in sich durch Mut zur Sanftheit gefunden haben; ihnen als den zu Erben der Gottheit Berufenen kann die Erde anvertraut werden.«

Gilt diese Verheißung des einst als »Heilige Ehe« empfundenen und heute zerstörten Verhältnisses von Mensch und Erde für diejenigen, die sich als Christen bekennen? Fordert dieser Auftrag nicht von uns alltägliche Aufmerksamkeit im behutsamen Umgang mit den Gaben der Erde und ruft er nicht auf, sich in entschlossenem Widerstand gegen die weitere Zerstörung unserer »Existenzgrundlage« überall dort, wo es not tut, zur Wehr zu setzen und sich tatkräftig mit allen jenen zu verbünden, die eines solchen »guten Willens« sind? Geht es doch um den Schauplatz unserer gegenwärtigen Existenz nicht allein, sondern um die Möglichkeit, in wiederholten Erdenleben zur vollen Reife irdischer Evolution zu gelangen. Begreifen wir, wie bedroht wir sind?

Faustens Weg »zu den Müttern«

»Sanftmut«, der Mut, sanft zu sein, diese »Tugend« wird herkömmlich den Frauen zuge»mut«et, von ihnen geradezu erwartet. Und trotz der Einseitigkeit dieses zumeist männlichen Anspruches liegt eine gewisse Berechtigung darin. Denn »Sanftheit« entspricht dem weiblichen Pol des Menschen selbstverständlich mehr als männliche »Aggressivität«. Und wenn wir deren unheilvolle Wirkung abbauen wollen, wird bei der Ausbildung menschlicher Eigenschaften das Schwergewicht auf den weiblichen Pol verlagert werden müssen.

Das neue Zeitalter, das wir um des Menschen und der Erde willen einleiten sollen, wird dem »Ewig-Weiblichen«, das Goethe in der Erlösung des Faust feiert, wieder seinen angemessenen Raum geben. Darin kann der eigentliche Sinn der gegenwärtigen »Frauenbewegung« gesehen werden: nicht emanzipatorisch in sogenannter, oft nur scheinbarer, »Gleichberechtigung« es dem Manne gleichtun und damit *seinen* Leitbildern entsprechen zu wollen – wobei der Anspruch auf gleiche Rechte selbstverständlich ist –, sondern den besonderen Qualitäten des weiblichen Poles innerhalb des Menschseins einen neuen Rang zuzugestehen. Das gilt auch für den Mann, der trotz der leiblich-seelischen Differenzierung des Menschseins in zwei Geschlechter ebenfalls in sich einen »weiblichen« Anteil hat, wie auf der anderen Seite der Frau eine »männliche« Komponente zu eigen ist. Wir nahmen wahr, daß im griechischen Wort für »sanftmütig« *prā-os* die Bedeutung »ausgeglichen«, gleichgewichtig und damit »harmonisch« noch mitklingt. Auch die beiden Pole des Menschseins, weiblich-männlich, in sich selbst und in der Gestaltung des gesellschaftlichen Lebens ins Gleichgewicht zu bringen, ist gerade bei einer vollen Beteiligung der Frau in den wissenschaftlichen, wirtschaftlichen und politischen Zusammenhängen die vordringliche Aufgabe.

Auch damit entsprechen wir dem Wesen unserer Partnerin, der Erde, mehr als bisher. Denn seit alters her ist die Erde nicht nur als weiblich bezeichnet, sondern auch verstanden worden. »Natura« heißt: die »Gebärerin«, die »Fruchttragende«. Immer wurde gegenüber dem Manne die Frau als der Natur näherstehend empfunden und Erde und Frau als einander entsprechend geschaut. Beide sind Repräsentanten des »*Ewig*-Weiblichen«. Das ist in einer unendlichen Fülle von Sitte und Brauch in den alten Kulturen erkennbar. Die Urreligionen sprechen vom Welten- und Schöpfergeist des Lebens, der ungeschlechtlich oder zwiegeschlechtlich geahnt wird, aber sie verehren als die Ur-Mutter des Lebens die Erde. Diese »Mutter Erde« hat viele Namen: »Große Mutter«, Isis, Astarte, Kybele und Demeter.

Aus dem Heiligtum der Demeter, der Mutter Erde, der Gä-Meter Griechenlands, ist ein Altarbild erhalten, das uns das Selbstverständnis des Menschen in der griechischen Antike nahebringt: Zwei weibliche Gestalten rahmen eine kleinere ein, die aufrecht in ihrer Mitte steht. Sie wendet ihr Antlitz der Demeter zu, die in die geöffnete Hand des jungen Mannes eine nicht erkennbare Gabe legt. Es ist die im Mythos uns übermittelte Übergabe des Weizenkorns an den Menschen und damit die Inauguration des Ackerbaues. Die hinter dem Rücken stehende, als Persephone gedeutete Gestalt weist mit ihrem Zeigefinger auf den Scheitel des Menschen, ihn mit Geist begabend oder segnend. Die Einweihung des Urkönigs »Triptolemos«, des »Dreigeflügelten« – in Leib, Seele und Geist »Dreigegliederten« –, in die Vollmacht des Bauern ist der Inhalt dieses Andachtsbildes. Dem Menschensohn wird von der Erdenmutter ihr Reich anvertraut. Nicht, um es sich »untertan« zu machen, sondern um ihm ein Heger und Pfleger zu werden. Das ist das älteste aus Europas Jugendzeit überkommene »Testament« als »Erbverfügung« Gottes an die Menschheit. Sie ist im frühen Christentum bereits veranlagt, wenn »die Mutter des Herrn« in der Mitte des Jüngerkreises erscheint, wenn Maria als die heilige Sophia, als die Bewahrerin göttlicher Weisheit, geehrt wird, und wenn im Mittelalter diese Marienverehrung ihren ebenbürtigen Ort in Kirche und Anbetung hat: als Maienkönigin, »Maria im Ährenkleid« und Urbild der Mutter mit dem Kinde, in besonderen Darstellungen gekrönt zur »Himmelskönigin«. »Jungfrau, Mutter, Königin, Göttin, bleibe gnädig!« lehrt uns Goethe durch den zum Doctor Marianus verklärten Faust beten. Wie viele Marienbilder an uralt geheiligten Stätten der Verehrung der Großen Mutter zeugen von dieser Dauerüberlieferung! Eine neue verinnerlichte Zuwendung zur mütterlichen Seite des Daseins wird zweifellos in der Zukunft zum Reichtum des religiösen Lebens beitragen.

Doch dem Christen ist die Erde nicht nur anvertraute Schöpfung, sondern durch Golgatha Leib des Christus geworden. Im Mittelpunkt des christlichen Kultus steht daher das Sakrament von Brot und Wein, den geheiligten Substanzen der Erde. In keiner Religion hat die Materie als der Mutterstoff der Erde eine größere Wertschätzung erhalten als durch die Konsekration der aus der Frucht des Weizens gewonnenen Hostie und des Saftes der Traube zu Leib und Blut der in ihnen sich offenbarenden und anwesenden Gottheit. In der Kommunion »einverleibt« sich der Christ die Substanzen der Erde in einem höheren Bewußtsein. Auch dies ist ein »consumere«, ein Essen der Erde, jedoch »sub specie aeternitatis« durch die »Allfähigkeit des Irdischen, Fleisch und Blut des *ewigen* Lebens zu sein« (Novalis). Jede Mahlzeit sollte von diesem Bewußtsein berührt werden. Im Tischgebet oder -spruch wird es belebt. Erntedankfeste können daran erinnern. Wie einst die Naturfrömmigkeit der iro-schottischen Sendboten und der geschwisterliche Umgang des heiligen Franz mit der Natur ist jede Heiligung der irdischen Substanzen in der Altarhandlung eine Station bei der »*Heimkehr des verlorenen Sohnes*« zum Urquell und damit zugleich zur Großen Mutter des Lebens. Die Vermählung von Himmel und Erde, einst in den Mysterien von Eleusis gefeiert, erfährt eine geschichtliche Widerspiegelung in der Hochzeit zu Kana, wenn die Sonnenkraft des Christus im Zusammenwirken mit der Erdenmutter Wasser in Wein verwandelt. »Das ist das erste Zeichen«, und das »letzte« kann als

Entsprechung empfunden werden, denn bei der Vermählung seines Sonnenwesens mit der Erde durch das Ereignis von Golgatha erscheint – bezeichnend genug einer Frau – der Auferstehende als Gärtner.

Das erste und das letzte Geisteszeichen dürfen in *einem* Zusammenhang gesehen werden. Beide weisen auf die Erneuerung der Erde und keineswegs nur des Menschen hin. So spricht denn auch Paulus von der »Erwartung der geängsteten Kreatur«, wobei die herkömmliche Übersetzung nicht erkennen läßt, daß es sich um die »Schöpfung« schlechthin handelt, die des in seine Gotteskindschaft heimgekehrten Menschen harrt.

Mit der Wiedererstehung einer ins Gleichgewicht gebrachten Erde ist die Wiederkunft dessen verheißen, der in der nordischen Mythologie die vorchristliche Erscheinung des Sonnenwesens des Christus ist: Der erneuerte Mensch, der aus dem alten Menschen hervorgehende »Sohn des Menschen«, führt der alternden Erde verjüngende Kräfte zu. Von dieser Verheißung einer neuen Einung von Gott, Mensch und Erde wissen die Urkunden der Menschheit seit deren frühester Kindheit. So kündet »der Seherin Gesicht«, die apokalyptische Schau der Völuspa in der Edda[10], daß aus »Mitgarts Untergang« eine neue Erde hervorgeht:

»Seh' aufsteigen zum andern Male
Land aus Fluten, frisch ergrünend:
Fälle schäumen; es schwebt der Aar,
der auf dem Felsen Fische weidet.
……

Wieder werden die wundersamen
goldnen Tafeln im Gras sich finden...
Unbesät werden Äcker tragen;
Böses wird besser: Balder kehrt heim!«

Balder ist das göttliche Wesen, das »aller Pflanzen Namen kennt«. Nach alten Vorstellungen hat er sie erschaffen, wie sollte er nicht ihren »Namen«, d. h. ihr Wesen kennen?

Einem erneuerten religiösen Bewußtsein erscheint es nicht als »Zufall«, daß Rudolf Steiner als letzte Geistestat seines irdischen Lebens die biologisch-dynamische Wirtschaftsweise inaugurierte und dadurch heilende Möglichkeiten für den von uns krank gemachten Erdenleib aufzeigte.

Der Zusammenhang mit seiner erst kaum zwei Jahre vorausgegangenen Geisteshilfe bei der Erneuerung des Altarsakramentes von Brot und Wein durch die Begründung der Christengemeinschaft ist nicht zu übersehen. Nun können durch die erneuerte Pflege der Erde die irdischen Substanzen unverfälscht der heiligen Handlung dargereicht werden. Wirkt nicht auch hier der Auferstehende als Gärtner? Wir sollten ihm unsere Hand leihen, da ein altes Wort weiß: »Gott hat keine Hände.« Darum wartet er auf die Hilfe des Menschen. Der sich als »Atheisten« mißverstehende Friedrich Nietzsche vernimmt mit allen Freunden der Erde in seiner Weise den gleichen Ruf, denn *»Also sprach Zarathustra: Bleibt mir der Erde treu, meine Brüder! ... Eure schenkende Liebe und eure Erkenntnis diene dem Sinn der Erde! Also bitte und beschwöre ich euch!«*

Abschied von der Geschichte

CHRISTENTUM UND POLITIK

Ist die Politik »des Teufels«?

Was hat Religion mit Politik zu tun? Ist ein Thema wie »Christentum und Politik« nicht ein Widerspruch in sich, eine schmerzhafte Dissonanz? Wie oft ist das Wort aus Goethes Faust angeführt worden: »Ein garstig Lied – pfui: ein politisch Lied!« Doch kennen wir nicht auch eine »christliche« Melodie in der politischen Geschichte? Den »Choral von Leuthen« – das »Niederländische Dankgebet«? »Er läßt von den Schlechten die Guten nicht knechten!« Trifft dieses anspruchsvolle, wenn nicht gar anmaßende Wort wirklich zu? Sind nicht unter solcher Selbstgewißheit unzählige »heilige Kriege« geführt worden? Der Karls gegen die »heidnischen« Sachsen, jene der abendländischen Ritterschaft gegen die »Ungläubigen« des Islam und der des puritanischen Cromwell gegen die katholischen Iren? »Vorwärts, Soldaten Christi!«, sangen so nicht in unseren Tagen noch angelsächsische Politiker bei einem gemeinsamen Gottesdienst auf einem Schlachtschiff, als sie zu einem Treffen fuhren, um Mitteleuropa zu vierteilen? Was sollte nicht alles durch Berufung auf einen »christlichen« Auftrag »sanktioniert«, d.h. »geheiligt« werden, um Unrecht zu rechtfertigen oder Herrschaftssysteme wie den zaristischen Feudalismus zu »verewigen«? Hat nicht ein solcher Mißbrauch der Religion im Atheismus verständliche Kirchenfeinde geschaffen und auf der anderen Seite ehrliche Christen zum resignierenden Rückzug aus der Politik veranlaßt? Ist die oft genug mit den Mitteln der Täuschung und Verlogenheit, ja schließlich mit dem barbarischen Instrument der Gewalt, mit Kriegführung und Unterdrückung operierende Politik nicht tatsächlich »des Teufels«?

Wenn wir die zweite der Versuchungen Jesu in der Wüste bedenken, möchte es so scheinen: Nach dem Bericht von Lukas führte der Widersacher den Menschensohn auf einen hohen Berg und zeigte ihm alle Reiche der Welt in einem Augenblick und sprach zu ihm: »Alle diese Macht will ich dir geben und ihre Herrlichkeit; denn sie ist mir übergeben, und ich gebe sie, welchem ich will. So du nun mich willst anbeten, so soll es alles dein sein.« Viele Christen sind in den vergangenen zwei Jahrtausenden auf diese Täuschung hereingefallen, indem sie dem Geist der Lüge glauben, er habe als »Herr der Welt« die Vollmacht, über diese zu verfügen, die Welt sei also »des Teufels«! Jesus weist diese Usurpation des Widersachers zurück: »Du sollst Gott, deinen Herrn, anbeten und ihm allein dienen.« Gott also ist der wahre Herr und *ihm* gilt es in dieser Welt zu dienen! Nur wenn wir tatenlos die Welt dem Versucher überlassen, wird sie »des Teufels«.

Der »Herr der Geschichte«

Nachdem diese Versuchung zurückgewiesen ist, verlangen später von Jesus die Schriftgelehrten und Pharisäer, die Theologen seiner Zeit, ein Zeichen seiner Vollmacht.[11] Er weist sie mit harten Worten zurück: Es wird »kein Zeichen gegeben werden denn das Zeichen des Propheten Jona«. Was heißt das? IONA ist – und das konnten seine Hörer wissen – durch seinen Namen bereits als Eingeweihter bezeichnet, ebenso wie später gleichlautend die beiden Johannes und Petrus als Simon Iona dies sind. Der Prophet Jona wurde in den »Bauch des Walfisches« verschlungen. Er befand sich damit in den Eingeweiden, also im Verdauungs- bzw. Stoffwechselsystem dieses Leviathans, welcher in der alten Mysteriensprache eine Hieroglyphe für die Erde darstellt, die wie ein gewaltiger Fisch durch den Raum des Kosmos schwimmt. Indem Jona bildlich von der Erde verschlungen wird, erfährt er gleichsam für den Menschen schlechthin das Schicksal des Erdenlebens als »Einweihung«. Uns allen kann dies zuteil werden: Die Arbeit für die Erhaltung unserer irdischen Existenz, wie sie dem Menschen in der Sorge für das tägliche Brot und damit für die Ernährung des Stoffwechselsystems als Voraussetzung für unser irdisches Leben und unsere Daseinsverwirklichung auferlegt ist, wird durch das oft damit verbundene Ertragen von Elend und Not, durch die Anstrengung zu deren Überwindung, durch die den Menschen dabei zugewandte Fürsorge und Hilfe als ein »Einweihungsweg« geheiligt: gleichwertig der in der Zurückgezogenheit des Eremiten geübten Meditation oder den Einweihungspraktiken der alten Mysterienstätten. Auf die Erde weist uns der Christus hin. Er kündigt bei dieser Auseinandersetzung mit den »Religiösen« seiner Zeit an, daß des Menschen Sohn selbst »mitten in der Erde« sein wird. Der griechische Urtext spricht es genauer aus: »im Herzen der Erde«! Er verbindet sich, uns vorangehend, mit ihrem innersten Wesen. Friedrich Nietzsche, der »Heide«, hat das verstanden: »Das Herz der Erde ist von Gold!« Also sprach Zarathustra. Seit durch sein Erdenschicksal der Christus der Menschheit vorangeschritten ist, wird die Erde von geistiger Sonnenkraft durchstrahlt, »daß auch sie einst Sonne werde« (Christian Morgenstern). Christentum ist fortan ein fortwährender Prozeß der Inkarnation, der Verleiblichung des Geistes in unsere Erde hinein. Darum trägt das astronomische Zeichen für unseren Planeten wie der Reichsapfel der christlichen Könige das Kreuz. Christentum im wesenhaften Sinn ist Menschwerdung der Erde. Diese vollzieht sich im Ablauf der »Geschichte«.[12]

Wie der einzelne Mensch sein geistig-seelisches Wesen in seinem Lebenslauf »verkörpert« und damit verwirklichen kann, so ist die Geschichte der Menschheit die Biographie und die »Verleiblichung« (Inkarnation) des »Großen Menschen«, den die Völker und Einzelmenschen im Laufe ungezählter Generationen miteinander darstellen. Wie unser höheres Ich der »*spiritus rector*«, der »geistige Lenker« unserer Biographie ist, so ist – als Menschheits-Ich verstanden – der Christus der »Herr der Geschichte«. Mit Recht nennt ihn daher die frühere Christenheit den »Pantokrator«, den »Allherrscher«. Denn er ist der »Herr der Herren, der König der Könige« der Apokalypse. So steht er in mittelalterlicher Darstellung vor dem »Triumphkreuz«, gekrönt und in königlichem Gewande, oder thront auf dem die Erde überspannenden Regenbogen. So schaut ihn Johannes in seiner Offenbarung als den Weißen Reiter, der die Völker vorantreibt mit eisernem Stabe in blutbesprengtem Gewande. »Und er tritt die Kelter des Weins des grimmigen Zornes Gottes, des Allmächtigen.«[13] Er trägt das Antlitz der Weltgeschichte.

Wie können wir das verstehen? Der »Dualismus«: »hier Welt – dort Gott« oder »Diesseits« und »Jenseits« im Sinne eines Gegensatzes, einer Unvereinbarkeit hat in einer »gottdurchdrungenen« Welt keinen Raum. Denn in *diese* Welt ist die Frohe Botschaft eingetreten. Die Eckpfeiler des irdischen Lebens des Christus Jesus sind von der politischen Geschichte errichtet: Die Darstellung seiner Geburt durch Lukas ist für immer verbunden mit dem ersten römischen Kaiser, und im Credo wird fortwährend der Name des kaiserlichen Statthalters im Zusammenhang mit dem Kreuzestod wiederholt. Auch die Berufung des Täufers wird von Lukas durch die Nennung des Kaisers Tiberius geschichtlich genau gekennzeichnet. Wie sollte es anders sein? »Der Acker ist die Welt« (Matth. 13,38). In ihr ist, wie es das Gleichnis Jesu meint, der »Schatz« zu gewinnen, nämlich das »Himmelreich«: *hier* gilt es sich zu bewähren. Darum konnte Bonhoeffer als Christ, der die

Welt ernst nahm, es nicht verstehen, wenn Christen die irdischen Angelegenheiten »links« liegenlassen: »Es gibt Menschen, die es für unernst, Christen, die es für unfromm halten, auf eine bessere irdische Zukunft zu hoffen und sich auf sie vorzubereiten. Sie glauben an das Chaos, die Unordnung, die Katastrophe als den Sinn des gegenwärtigen Geschehens und entziehen sich in Resignation oder frommer Weltflucht der Verantwortung für das weitere Leben, für den neuen Aufbau, für die kommenden Geschlechter.«[14] Er hätte das Wort von Karl Marx hinzufügen können: »Es ist leicht, ein Heiliger zu sein, wenn man nicht Mensch sein will!«.[15]

Benedikt von Nursia, später der heilige Benedikt genannt, wollte Mensch sein und »hier und jetzt« Menschsein vorleben. Er hatte begriffen, daß der Christus nicht nur in der Seele des einzelnen Menschen, sondern ebenso in der »Geschichte« wirkt, also auch in derem Werden: in der »Politik«. Er lehrte seine Brüder: »Ora et labora!« – »Bete *und* arbeite!«. So wurden die »Söhne des Benedikt« nicht nur Priester; sie wirkten als Beispiel schaffende Landwirte und vorbildliche Ingenieure und Architekten, sie leisteten ihren Erdendienst auch als »Beichtväter der Könige«, das heißt als deren Berater und Helfer. Sie stellten oft genug die Kanzler des Reiches und scheuten sich auch nicht – wie Ulrich, Bischof von Augsburg, waffenlos an der Seite seines großen Kaisers Otto auf dem Lechfeld in der Entscheidungsschlacht gegen die Ungarn –, dem kämpfenden Heere geistlichen Beistand zu leisten. So wurde Benedikt nicht nur im geistigen Sinne »Vater des Abendlandes«. Sein Ordo war Beispiel für die nachfolgenden Ordensgründungen. Aus deren einer ging der preußische Ordensstaat der Deutschritter hervor. In säkularisierter Gestalt lebte dieser weiter und wurde zur Keimzelle des späteren Königreiches. Man könnte Benedikt den Ahnherrn Preußens nennen.

»Die Antwort der Mönche« auf die Herausforderung durch die Welt scheiterte, weil – wie Walter Dircks in seinem gleichnamigen Buch[16] treffend bemerkt – »der schlaue und berechnende Geist der Täuschung und der Lüge sich des Schwertglaubens und der Verklärung des Schwertes bediente, um Gottes Mittelalter zu verhindern: das benediktinische Mittelalter... der brüderlichen Siedlung und der brüderlichen Arbeit«. Die Geschichte des christlichen Abendlandes ist erfüllt von »Krieg und Kriegsgeschrei«: Frankreich hatte seinen »Hundertjährigen Krieg«, Deutschland den »Dreißigjährigen« und in unserem Jahrhundert Europa einen über einunddreißigjährigen »Weltkrieg«, hinzu kommen die ungezählten Kriege zwischen den einzelnen Ländern, die überaus grausame Eroberung der beiden Amerikas, die Feldzüge in den Kolonialgebieten und die unaufhörlichen Fehden der kleinen »Landesherren«, nicht zu vergessen der »Kreuzzug« gegen die Katharer und die von Luther christlich motivierte Niederschlagung der deutschen Bauernerhebung. Wenn Joachim Schoeps[17] darauf hinweist, daß an den zwischen 1701 und 1933 geführten Kriegen Frankreich mit 28 %, England mit 23 %, Rußland mit 21 % und Preußen-Deutschland mit 8 % beteiligt gewesen ist, wird offenkundig, daß es unter den europäischen Nationen keine Monopolstellung für Kriegsführung gibt. Seit Beendigung des Zweiten Weltkrieges zählt man bereits etwa 120 größere oder kleinere Kriege ohne Beteiligung Mitteleuropas mit einer Zahl von Todesopfern, die jene des Ersten Weltkrieges übersteigt.

Wenn wir erfahren, daß ein »Verteidigungsminister« in Übersee kalkuliert, 20 bis 30 Millionen Bewohner seines Landes in einem Atomkrieg zu opfern, müssen Christen, wie Paulus fordert, »Widerstand tun... und das Feld behaupten..., als bereit, voranzutreiben *die frohe Botschaft des Friedens*«! Sonst gilt Carters Prophezeiung: »Entweder wir schaffen die Rüstung ab, oder die Rüstung schafft uns ab!« Welch ein Wahnsinn, wenn für die nächsten fünf Jahre ein Gesamtaufwand für die Rüstung aller Nationen von 1 300 Milliarden Dollar geschätzt wird! Es ist eine exakt klinische Bezeichnung, wenn dafür der Begriff Rüstungs-»Wahnsinn« geprägt wurde, denn nur ein zerrüttetes Denken kann sich überhaupt in solchen Kategorien bewegen. Solchen Hirnen ist auch die unerwartete Auslösung dieser Todesmechanismen zuzutrauen. So war die selbstverständliche Reaktion europäischer Christen in den Niederlanden: »Schafft die Atomraketen aus der Welt und beginnt damit bei uns selbst und jetzt!« Der Krieg als *»ultima ratio regis«*, als letztes Mittel der Politik, ist sinnwidrig und damit geschichtswidrig geworden.

Abschied von der Geschichte?

Wir müssen Abschied nehmen von der Geschichte!

Was heißt das? Wir dürfen nicht mehr in den alten Kategorien des politischen Denkens verharren, für welche Diplomatie ein gegenseitiges Übervorteilen, und, wo dies nicht gelingt, »Krieg die Fortsetzung der Politik mit anderen Mitteln« ist. Wir müssen den Mut haben, neue Dimensionen des sozialen Lebens zu gewinnen, uns durch einen moralischen Klimmzug auf eine andere Ebene hinaufzutrimmen. Abschied von der Geschichte: Das heißt zwar der Vergangenheit den Rücken kehren und nach vorne schauen, das heißt aber nicht: die Vergangenheit verleugnen oder gar verleumden. Auch Pazifisten können den Krieg als eine überwundene Schule der Menschheit erkennen und brauchen nicht – ebensowenig wie der friedliebende Christian Morgenstern – den Begriff »Held« auf den Kehrichthaufen der Geschichte zu werfen. Hat doch der »Erhabene« selbst – ein vorchristlicher Name des Christus in der Bhagavadgita – den Menschen in diese Schule geschickt: Ihm klagt Arjuna, der in den Kampf ziehen soll, angesichts der gegenüber angetretenen Feinde in bewegender Weise:[18]

»Lehrer, Väter und Söhne sind's und ebenso Großväter auch; Oheime, Schwäher, Enkel sind's, Schwäger wie auch Verwandte sonst. *Diese zu töten wünsch' ich nicht* und sollten sie mich töten auch. Selbst um der Dreiwelt Herrschaft nicht – wie denn um Erdenherrschaft nur? Ist dies gescheh'n, bemächtigt sich das Unrecht bald des ganzen Stamms; wenn wehrlos, ohne Widerstand, sie... mich erschlagen wollten in dem Kampf – fürwahr mir würde wohler sein. Wissen wir nicht, was mehr uns würde frommen – wenn wir die Sieger, wenn wir die Besiegten? Der Erhabene sprach: ›Vergänglich sind die Leiber nur – in ihnen weilt der ew'ge Geist. Wer denkt, es töte je der Geist oder werde getötet je, der denkt nicht recht! Er tötet nicht, noch wird getötet jemals er. Gleichwie ein Mann die altgeword'nen Kleider ablegt und and're neue Kleider anlegt, so auch, ablegend seine alten Kleider, geht der Geist in immer and're, neue... Was gibt es Grund zur Klage da? Wenn diesen *pflichtgemäßen* Kampf du aber nicht bestehen wirst, wird Übles nur dein Anteil sein‹«.

Der Krieg *war* ein physisches Exercitium, das sonst nicht vorstellbare Kräfte im Einzelmenschen herausforderte, vor allem jedoch eine moralische Erziehung zu Selbstüberwindung, Hingabe, Opferkraft, Furchtlosigkeit, Ertragensfähigkeit, Ausdauer und vor allem Gemeinsinn, »Kameradschaft«, Zuverlässigkeit, Treue. Er förderte selbstverständlich auch die Entwicklung der menschlichen Intelligenz, mithin: physische, moralische, intellektuelle Kräfte wurden ausgebildet. Das ist die andere »Kehrseite« der Kriegsmedaille, jenes unendlich grausamen Elends, von dem in den Heldengesängen nie gesprochen wird. Denn wer fragt darin nach den Schmerzen der Zerhauenen, Durchbohrten, Verstümmelten, Geschundenen und Geschändeten, dem Verlust der Liebenden? Der Krieg ist wahrhaft die bitterste Frucht der Geschichte, und unbegreiflich bleibt immer noch, wie Menschen es fertigbrachten, sich solches anzutun! Allerspätestens mit dem letzten Weltkrieg, der für immer in die Biographie des Menschen hätte eingehen sollen als der *letzte* Krieg, ist die Mission des Krieges erfüllt. In der modernen Kriegs-Technik, im »Overkill«, auslösbar durch den Druck des Fingers eines einzigen Mannes auf einen Knopf, hat er sich selbst aufgehoben. Der Krieg ist der größte Kriegstote geworden. Wir müssen ihn nun begraben, bevor sein Leichengift uns umbringt. Wir sollten einen Stein auf dieses Grab legen, der nie gehoben werden darf.

»Abschied von der Geschichte!« Eine augenscheinliche Geschichtsfeindlichkeit der jungen Generation sollte verstanden werden als Aufbruch in Neuland der Menschheit, so sehr die Älteren betroffen sein mögen über die damit verbundene Abkehr von der ihnen vertrauten eigenen Volksgeschichte. Die Verweigerer des Kriegsdienstes aus Gewissensgründen sind weder als solche einzustufen, denen das Schicksal ihres Volkes gleichgültig wäre – Liebe zum eigenen Volkstum und seiner Heimat brauchen dabei keineswegs ausgeschlossen zu sein – noch sollten sie geringschätzig angesehen werden als solche, die nicht zum Opfer für das Gemeinwohl bereit wären –; sie können echte »Sozialisten« sein, denen der Einsatz für den »gesellschaftlichen Menschen« selbstverständlich ist. Als aktive Friedensbewegung sind sie wie die ersten Christen der

Zeitenwende der Vortrupp einer neuen Ära der Menschheit. Und das sollten die heutigen Christen wieder werden, indem sie aus ihren »Katakomben« aufstehen und das Panier der Zukunft *voran*tragen.

Was während der beiden Jahrtausende nicht möglich wurde, weil es noch nicht »an der Zeit« war und daher nicht geschichtsmächtig werden *konnte*, ist jetzt fällig: Im Mut zum Widerstand, aus den gleichen Tugenden also wie denen, die aus der »Schule des Krieges« hervorgingen, mußte »der neue Mensch« erst reifen: jetzt soll er hervortreten, jetzt ist fällig in einer allumfassenden Friedensbewegung *die Epiphanie des homo christianus.* Dazu bedarf es nicht nur der aufrüttelnden Kundgebungen – so notwendig solche sind, um den Willen der wirklichen Mehrheit zu bezeugen –, dazu ist kein ökumenisches Weltkonzil aller Religionen notwendig, so ermutigend dies sein kann –, dazu bedarf es der entschiedenen Haltung der einzelnen und ihres gegenseitigen Beistandes, denn »es ist an der Zeit«, und »ein einzelner hilft nicht, sondern wer sich mit vielen zur rechten Stunde vereinigt« (Goethe).[19] Hier ist der Ort, vor allem jene Tugenden zu beweisen, die durch Jahrtausende erübt worden sind: den Mut und die Treue. Tapfer zu sein, wo es zu »stehen« gilt, ist noch immer »in«. Und noch immer hat Schillers Wort Gültigkeit: »Und setzet ihr nicht das Leben ein, nie wird euch das Leben gewonnen sein!«

Wo sind die »Friedensmacher«?

Diejenigen, die diesen Weg beschreiten, sind teilhaftig der Verheißung: »Glückselig sind zu preisen die Friedensmacher, denn sie werden Söhne Gottes genannt werden.« Luther wagt in seiner Übertragung nicht, von den »Söhnen« zu sprechen, aus Ehrfurcht vor dem Einen, dem er diesen Namen vorbehalten will, jedoch nennen wir uns nicht alle nach ihm »Christen«? Und können als Erfüller des »Willens des Vaters« »Söhne des Menschen« werden? Doch mit welchem Recht nennen wir uns überhaupt »Christen«, wenn wir diesen Auftrag nur der Verkündigung des Sonntags oder dem persönlichen Leben vorbehalten und meinen, wie wir es aus dem Munde höchster Staatsträger – in beachtenswerter Übereinstimmung aus West wie Ost – vernommen haben: »für den politischen Alltag tauge diese Parole nicht!« Aber das ist ja gerade der Grund dafür, daß der politische Alltag nichts taugt! Politiker, die es sonst ablehnen, Ideale in die Politik zu tragen, hier haben sie den Mut, *gegen* die Bergpredigt als Grundgesetz des christlichen Abendlandes zu sprechen, obwohl sie sich nach ihrer Überzeugung zu diesem bekennen. Dieses Verhalten ist besonders fragwürdig an einem Orte, an dem Blutzoll geleistet worden ist im Bekenntnis zur Magna Charta einer Neuen Welt: Bei Bonn fand in der frühesten christlichen Geschichte die standrechtliche

Exekution zweier römischer Offiziere der berühmten Thebaischen Legion ihres Glaubens wegen statt. Seither werden die Gebeine der Märtyrer Cassius und Florentius in der Krypta des Bonner Münsters geehrt.

Die geistige Welt nähert sich – die Verwirklichung des Gottesreiches auf Erden ist möglich! »Die Zeit ist erfüllt!« Der »*Kairós*« ist jetzt da! Der »*Kairós*« ist der rechte Augenblick, der zum »Erfolge« führen kann. So heißt es im Evangelium: »Als die Zeit erfüllet war.« Sie war bisher nicht »erfüllt«. Darum konnte die christliche, die »frohe Botschaft« sich nur partiell, in ausgesparten Teilbezirken und in einzelnen, in Gruppen oder Individualitäten, verwirklichen lassen. Heute ist die Menschheit als Ganzes, und der ganze Mensch, nicht nur der »Sonntagsmensch« betroffen. Was damals noch *nicht* möglich war, nicht möglich sein konnte, weil die Menschheit in ihrem Werden noch Erfahrungen machen, auch ihren Irrweg bis zur letzten Konsequenz gehen mußte, ist *heute* fällig. Zum ersten Mal in der Geschichte besteht in diesen Jahren eine Übereinstimmung zwischen der Forderung des Christentums und der historischen *Not*-wendigkeit. Setzt daher euer Vertrauen auf die Frohe Botschaft, und kein neuer Krieg bricht aus, aber ein neuer Äon bricht an. Was in stillem Wachstum durch die Jahrhunderte heranwuchs, kann jetzt zur Reife gebracht werden. Noch nie gab es eine solche Chance. Noch nie schlug der Menschheit eine solche Weltenstunde. »Darum bittet den Herrn der Ernte, daß er Arbeiter in seine Ernte sende« (Matth. IX, 38).

Die Stunde der Christen

Doch ist nicht das bisherige Scheitern der »christlichen Friedensmission« in der Geschichte ein Beweis gegen die Möglichkeit ihrer Verwirklichung? Diese berechtigte Frage ist nur aus einem Verständnis der menschlichen Evolution zu beantworten: Einem heranwachsenden Menschen »gute Ratschläge« für sein Leben zu geben, ist gewiß notwendig. Es ist die Aufgabe des »Präzeptors«, des »Vorwegnehmers«: der Eltern, der Lehrer, des Seelsorgers. Diese tun gut daran, nicht »Moral zu predigen«, sondern vorzuleben, exemplarisch zu wirken. Das dient einer notwendigen »confirmatio«, einer »Bekräftigung«. Trotzdem wird der junge Mensch seinen eigenen Weg gehen wollen und müssen, er wird vielleicht das Gehörte oder Gesehene in den Wind schlagen, denn er muß seine eigenen Erfahrungen machen, so sehr wir Älteren ihm dies ersparen möchten. Geisteskeime jedoch, die in ihn – hoffentlich rechtzeitig genug – hineingelegt sind, können aufgehen und im Innern aufblühen, indem man sich des Übergebenen er»innert«. Die inzwischen gereifte Frucht nährt und spendet in schweren Schicksalsprüfungen. Aus dem Unterbewußtsein wächst die Kraft für not-*wendende* Entscheidungen. Diese Möglichkeit gilt auch für den Großen Menschen, für die Gattung Mensch, für die Menschheit: Vor 2000 Jahren ist ihr auf den Lebensweg durch die

Geschichte die Wegzehrung »zu ihrem Heil und Glück« gegeben worden. Viele haben bereits von ihr gekostet, sie sich »einverleibt« und sind »Christen« geworden: die Menschheit als Ganzes ist bisher ihrer nie teilhaftig geworden. Zwangsbekehrte Völker haben christliche Konventionen und kirchliche Kultgewohnheiten angenommen, aber keine echte »Konversion« = »Umkehr« erfahren. Nur in großen einzelnen oder in sich abschließenden Gemeinschaften ist Christentum verwirklicht worden und auch da zumeist nur teilweise.

In der heutigen Weltstunde kann sich die Menschheit dessen erinnern, was als »Heil« vor zwei Jahrtausenden in die Welt getreten ist. Sie mag es unverfälscht vor sich wieder erstehen lassen, und sie wird eine Antwort finden auf die scheinbar unlösbaren Fragen der Gegenwart. Und mehr als eine Antwort: es ist ihr »die heilende Arznei« bewahrt worden, derer sie sich in ihrer tödlichen Erkrankung der Gegenwart zu ihrer Heilung bedienen kann.

Welches sind *die drei Fragen unserer Zeit?*

1. Wie machen wir die Erde wieder gesund und wie erhalten wir sie als Schauplatz der Evolution?
2. Wie entgehen wir der Katastrophe eines Dritten Weltkrieges, der das Ende der Menschheit und die Zerstörung der Erde bedeuten würde?
3. Wie ordnen wir die menschlichen Beziehungen, so daß statt eines Kampfes aller gegen alle eine Gemeinschaft freier Geister wachsen kann?

Diese Fragen stehen heute vor *allen* Menschen, und sie stehen daher heute vordringlich, ja unausweichlich auch vor »allen wahren Christen, die geboren sind«. Ihre Beantwortung ist bereits vor zweitausend Jahren gegeben worden, und niemand in der Welt, weder ein einzelner noch irgendeine Religion, hat eine bessere. Es geht nur um eines: diese Antwort zu *tun!* Und das in *diesem* Augenblick, wo »Not-wendigkeit« und »Angebot« zum ersten Mal synchron geworden sind, d. h. zeitlich völlig übereinstimmen, in vollkommener Deckung sich befinden, angesichts der Tatsache, daß kein anderer Ausweg gegenüber der drohenden Menschheitskatastrophe bleibt, kein anderer! Darum ist es an der Zeit, daß Christen sich der öffentlichen Angelegenheiten annehmen: Jetzt ist die Stunde der Christen gekommen!

Dreigliederung heute

Vor der – lange schon mit dem Ersten Weltkrieg beabsichtigten – Zertrümmerung Mitteleuropas durch seine Gegner versuchte Rudolf Steiner bereits im Schicksalsjahr 1917,[20] bei denjenigen Einfluß zu gewinnen, die die politische Zukunft zu bewältigen hatten, indem er sie aufklärte über die eigentlichen Absichten der pseudo-humanistischen Parolen des Westens und zugleich die Leitidee einer neuen Völkerordnung aufzeigte, durch deren Berücksichtigung eine übernationale Zusammenarbeit in zukunftsgemäßer Gestaltung praktisch möglich geworden wäre. Es ist bewegend, an den seit 1917 bis zum Ende seines Wirkens gehaltenen Vorträgen nachzuerleben, wie diese Sorge um das Allgemeinwohl immer wieder bei ihm durchbricht, indem sogar solche Ausführungen, die anderen, sogar esoterischen Themen gewidmet sind, nahezu unvermutet einmünden in eine Erörterung der Tagespolitik, und dies oft mit harten kämpferischen Worten.

Unter dem Begriff »*Dreigliederung des sozialen Organismus*« ist das politische Konzept Rudolf Steiners in der ganzen Welt bekannt geworden und wird wie ehedem noch heute diskutiert. »Dreigliederung« – das muß deutlich gesagt werden – ist keine Ideologie und kein »Programm«, sondern eine exakte Beschreibung von sozialen, also auch politischen Lebens*tat*sachen, die als Erkenntnisgrundlage zum Aufbau einer christlich-menschlichen Gesellschaftskunde und -praxis dienen kann. Die Gliederung des sozialen Organismus und die Ganzheit des Menschseins vor dem geistigen Auge zu haben, wird heute in besonderem Maße notwendig. Eine bekannte Redensart warnt davor, »den Wald vor lauter Bäumen nicht zu sehen«. Dieser Gefahr sind wir alle ausgesetzt, wenn wir über den Individualitäten, den Einzelerscheinungen des Menschen, den sozialen Organismus oder den »Großen Menschen« nicht wahrnehmen, den wir alle miteinander darstellen. Das Menschsein verwirklicht sich nur *polar*, vergleichbar der Gestalt einer Ellipse, die ihre harmonische Vollendung durch ihre *beiden* Brennpunkte erhält. Diese Polarität ist im menschlichen Bereich gegeben durch das »Wir«, aus dem wir alle stammen, und in dem »wir leben, weben und sind« (Paulus),[21] und das »Ich«, zu dessen voller Entfaltung wir gerufen sind. Der Menschengott, der Christus, spricht in beiden. Daher ist es ein verhängnisvoller Irrtum geworden, »Individual«- und »Sozialethik« trennen zu wollen. Dies ist die Folge eines vermeintlich »christlichen« Dualismus, der in die gegenwärtige Schizophrenie der menschlichen Verhaltensweisen geführt hat und alten Kulturen wie beispielsweise der Indianer noch keineswegs zu eigen ist.

Die drei Glieder des sozialen Organismus sind bekanntlich Geistesleben, Rechtsleben und Wirtschaftsleben. Sie entsprechen bei der Individualität unserem Geiste, der notwendigen Ordnung unserer Seelentriebe und der Fürsorge für die gesunde Erhaltung unseres Leibes. Die Bewahrung des Gleichgewichtes ist in beiden Organismen, im einzelmenschlichen wie im gesellschaftlichen, der Erweis für Gesundheit. Durch die Störung des Gleichgewichtes erkrankt eine Gesellschaft, und ein schlechtes soziales Klima macht auch die Einzelmenschen bis in ihre Leiblichkeit hinein krank. Unsere gegenwärtige Gesellschaft ist krank durch das Überwuchern des Wirtschaftslebens. Dieses ist eine Folge des theoretischen und angewandten Materialismus, der in der Politik bis zur letzten Konsequenz praktiziert wird. Das ist eine weltweite Erscheinung. Wirtschaftliche Prinzipien und wirtschaftliche Kalküls bestimmen das politische Handeln. In der französischen Sprache sind »Staat« und »Haushalt« im Worte »état« synonym, also mit dem gleichen Wort bezeichnet. Das Ringen um den Staatshaushalt tritt in den sogenannten Demokratien in den Vordergrund des politischen Lebens, die Erfüllung des Produktionsplanes beherrscht die sogenannten sozialistischen Staaten. Die Wirtschaftsmacht durchdringt den Staat. Sie dirigiert ihn, in vielen Fällen setzt sie sich über seine Gesetze hinweg. Die Politik ist Wirtschaftspolitik geworden. Die Souveränität des Staates ist durch den Druck der »Lobby« längst beschränkt, aber auch die Freiheit des Geisteslebens ist durch die Abhängigkeit von vermögenden Mäzenen eingeengt. Gegenstand und Umfang der heute ohnehin im Interesse der Produktion arbeitenden Naturwissenschaften werden von den Wirtschaftsmächten bestimmt. An die Stelle der politischen Imperien sind Wirtschaftsimperien getreten, die sich »die Märkte erobern«, den Handel »kontrollieren«, die Marktlage »beherrschen«, und, wo es notwendig erscheint, Kriege führen. Die »Ver-wirtschaftung« des Staates hat vor allem bei der jungen Generation »Staatsverdrossenheit« zur Folge. Das gestörte Verhältnis zum Staat als der *»res publica«*, den gemeinsamen »öffentlichen Angelegenheiten«, läßt heute für nicht wenige dieses dritte Glied des sozialen Organismus in seiner Bedeutung, ja Existenz so verblassen, daß nur noch ein Bewußtsein von »Zweigliederung« besteht. Rudolf Steiner hat aber von »*Drei*gliederung« gesprochen. Er hat die manchmal vergessene Bedeutung dieses dritten Gliedes wie folgt gekennzeichnet: »In der ersten Phase der sozialen Entwicklung haben wir dasjenige, was äußerlich physisches Reich war, das Irdisch-Wirkliche, ganz als geistig gedacht. In der zweiten Phase nur durchdrungen von geistiger Substanz und ... das Dritte, das muß hier *auf der Erde verwirklichen das Geistesreich* ... Dafür aber muß das Geistige hier in der physischen Welt anwesend sein ... Dann erst kann es ein Christus-Reich geben auf der Erde.«

Rudolf Steiner folgert: *»Man hat in der Menschheitsentwicklung nicht das Recht, sich als Individualität zu fühlen, wenn man sich nicht zu gleicher Zeit als Angehöriger der ganzen Menschheit fühlt.«*[22] Um dessentwillen muß das gestörte Verhältnis von Christen gegenüber der Politik in ein positives verwandelt werden.

Mit Recht hieß es einmal aus Achtung der Geistesfreiheit »Religion ist Privatsache«, jedoch muß die »religio« als geistige »Rückbindung« zum Urgrund unseres Seins zu einer in Freiheit zu suchenden Übereinstimmung hinsichtlich des geistigen Wesens des Menschen führen und zu einer gemeinsamen Bejahung daraus folgernder Verhaltensweisen. Das ist die anzustrebende Voraussetzung zur

Heilung des aus dem Gleichgewicht geratenen und das heißt: erkrankten sozialen Organismus. Zu heilen vermag nur die Gemeinschaft des Geistes.

Das allgemeine Königtum

Wie seit Luther der »Gläubige« sich einem »allgemeinen Priestertum« verpflichtet weiß, so der Bürger einem »allgemeinen Königtum«. Wer ein solches als Demokrat in Berufung auf die allen gemeinsame Würde des Menschen fordert, muß sich auch klarmachen, daß er die den Königen mit den Kronen abgenommene Verantwortung auf sein eigenes Haupt legt. Diese Aufgabe ist uns bereits in der Geburtsstunde des Christentums verordnet worden: »Ich habe euch zu Priestern und Königen gemacht!« Das Welten-Ich als Herr der Geschichte hat mein Ich mit der Vollmacht und Würde, aber auch mit der Bürde des Priesters und Königs begabt (Joh. Apok. I, 6).

Was ist die erste der einst durch den Königseid beschworenen Pflichten? Der Schutz des Landes, und das heißt: Schaden abzuwehren, der durch Verheerung von seiten feindlicher Mächte entstehen könnte. Eine »Eroberung« des Landes ist längst *innerhalb* der Grenzen durch eine unaufhaltsame Industrialisierung erfolgt. Das Land ist teilweise durch Ausbeutung »verwüstet«, und die Wälder sind zwar nicht wie in alten Zeiten zu Nutzen eines Gegners abgeholzt, aber sie sterben dahin durch die Säure des Regens.

Die Bewahrung der Erde also, die Rettung des Lebens schlechthin, ist zur hervorragenden internationalen Aufgabe aller Politik geworden, und um ihretwillen muß das dritte Glied des sozialen Organismus, der Staat, stark genug sein, um verantwortungslos gewordene Wissenschaft und hemmungslose Wirtschaft zu bändigen. Die Einrichtung von Atomkraftwerken, ihre Genehmigung und Förderung aus Steuermitteln zugunsten der Privatwirtschaft steht im Widerspruch zur Fürsorgepflicht des Staates, da die Sicherung vor Unfällen ebenso unzulänglich bleibt wie die Bewahrung der Rückstände in Endlagerstätten, die als Hypothek einer energiesüchtigen Generation durch Jahrtausende hindurch den Nachkommen zugemutet werden sollen, ein flagranter Verstoß gegen die Freiheit Nichtbefragter. So der Rechenschaftsbericht des Bundesministeriums des Innern, Sicherheit kerntechnischer Einrichtungen und Strahlenschutz[23]: »Das grenzüberschreitende Gefährdungspotential, aber auch die praktizierten Beseitigungsmethoden (z.B. internationale Versenkungsaktionen auf hoher See) machen deutlich, daß die nationale Verantwortlichkeit bei einer Bundesbehörde liegen muß; ein weiteres, wesentliches Argument ist die erforderliche Langzeitliquidität (Größenordnung einige hunderttausend Jahre!), die nicht privatwirtschaftlich, sondern nur durch stets existierende (!?) staatliche Stellen gewährleistet werden kann.« Bereits die Argumentation, es sei nur eine Frage der Zeit, sichere Atomenergieproduktion und sichere Abfall-Lagerung gewährleisten zu können, widerspricht einer christlichen Anthropologie, für welche das römische Eingeständnis: »errare humanum est« (Irren ist menschlich) eine Selbstverständlichkeit ist im Bewußtsein von der Unzulänglichkeit oder »Sündhaftigkeit« des Menschen, das heißt seiner Anfälligkeit für »menschliches Versagen«.

Der »Schutz des Landes«, heute die Erhaltung der Erde schlechthin für alle Zeitgenossen und Nachfahren, ist also für Christen ein vordringlicher Anlaß zur staatsbürgerlichen Bewußtseins- und Willensbildung und ein daraus hervorgehendes entsprechendes Rechtsleben. Die andere Aufgabe, die aus der Schutzverpflichtung des Staates folgert, ist die Wiederherstellung des gestörten Gleichgewichtes zwischen den drei Wesensgliedern des sozialen Organismus. Denn der »Notstand des Landes« ist ja eine Folge der verhängnisvollen Schwergewichtsverschiebung zugunsten der Wirtschaft. Die Befolgung der Gesetze, die zum Schutze der Umwelt durch den Repräsentanten des obersten »Souveräns«, den im Parlament sich äußernden Bürgerwillen, verabschiedet und in Kraft gesetzt worden sind, ist unter allen Umständen durchzusetzen. Der Staat darf nicht zum Komplizen von Wirtschaftsinteressen werden. Ihnen gegenüber hat er seine Hoheit als oberster Gesetzgeber und Richter zu wahren. Diese »Emanzipation des Staates« ist heute die Voraussetzung für die Gesundheit des sozialen Organismus.

Die dritte Aufgabe einer christlich verstandenen Politik ist die Garantie von Demokratie, das heißt: *von Geistesfreiheit.* Nicht nur die Freiheit der Individualität muß gewährleistet sein, wie es UNO-Charta und Helsinki-Beschlüsse versprechen, sondern auch die *Freiheit* der Völker als der größeren Entitäten des Menschseins. Davon wird in anderem Zusammenhang noch zu sprechen sein.

Wir fragen nun: Wie ist eine Wandlung möglich? Durch

wen, wo und wie? Es ist kein Widerspruch zu dem zuvor Gesagten, wenn wir feststellen: Eine schlechthin »christliche Politik« – im Sinne gar eines verabsolutierten Programms – kann und *darf* es nie geben! Das widerspräche dem Prinzip der Freiheit und der Allseitigkeit des Christseins. Aber es kann »christliche Politiker« geben: Jeder kann an seinem Platz das jeweils Notwendige aus christlich geschärftem Gewissen, und an »Orientierungsmarken« der Bergpredigt gemessen, *tun.* Eine junge Katholikin in der Volksrepublik China sagte mir einmal: »Unsere hingebungsvolle Mitarbeit am Neuaufbau meines Landes – aus christlicher Verantwortung geleistet – zeugt für uns und überzeugt von unserem Weg.« Wer zeugt von der »Geistesgegenwart« – im unmittelbaren Sinne verstanden –, wenn nicht der einzelne, wer, wenn nicht ich?

Wo verwirkliche ich diesen Auftrag? Da können keine Empfehlungen gegeben werden, nur die Antwort: Überall, wohin mich mein Schicksal stellt. Das kann am Arbeitsplatz, an der Drehbank und am Schreibtisch wie auf dem Felde, in Verbänden und Parteien sein. Jeder *handele* in seiner Weise. Und wie großartig, wenn sich dann einmal Christen begegnen, die in scheinbar einander gegenüberstehenden Fronten ihren Platz haben, sich jedoch als Gleichstrebende erkennen, zueinander finden und die Gegensätze auch für die anderen jeweiligen Mitgänger zu mildern imstande sind! Wie wohltuend, wenn auf solche Weise das *ganze* Spektrum menschlicher Anschauungsmöglichkeiten und Verhaltensweisen aufleuchtet und darin erkannt werden kann *ein* Urlicht, das sich vielfarbig bricht? Wenn *ein* durchchristeter Wille erkennbar wird und *eine* »confoederatio christiana« erscheint, die in Wahrheit gleichbedeutend mit einer »confoederatio humana« ist, weil sie die ganze Mensch»heit« darstellt!

Wie aber bereitet sich derjenige vor, der als Christ sich beruflich nicht der Wirtschaft oder dem Geistesleben, sondern dem dritten Glied des sozialen Organismus, dem Staat, im Dienst zur Verfügung stellt, der »in die Politik einsteigt«? Nicht Anspruch ziemt dem »Königsamt«. Sein Vorbild ist die »Fußwaschung«! Die Dienstbereitschaft, die sich anderen darbringt und auf »Herrschaft« verzichtet: »Nun aber nicht ich, sondern der Christus durch mich!« Auf diese Opfergesinnung kommt es an. Wem Politik leicht fällt, vielleicht sogar Vergnügen bereitet, sollte in strenger Gewissensforschung seine Eignung prüfen. Den christlichen Politiker erkennt man an der Sprache: Er sagt nicht »ich«, sondern »wir«. Und da er bereit sein muß, in *jedem* Falle – auch gegen herrschende Gewalten – für seine Überzeugung einzutreten, nannte Gandhi sein »Ordenskleid« den Gefängniskittel. Dann nämlich, wenn es darauf ankommt, »an dem bösen Tag Widerstand zu leisten« und »Gott mehr zu gehorchen als den Menschen!« Die »Ordensregeln« des politisch tätigen Christen entsprechen daher seinen Aufgaben!

Diese sind:

Zum ersten: seine ganze Lebenskraft einzusetzen für die Begründung des Friedens in dieser Welt, für den Weltfrieden – in dem Bewußtsein: wenn er jetzt nicht gewonnen wird durch uns und die Hilfe aus den Geisteswelten, wird er nie gewonnen werden, und die Erde ist dem Tode preisgegeben. Wir müssen alles daran geben, um den Schauplatz der eigenen Entwicklung zu erhalten und die Erde ihrem Ziel entgegenreifen zu lassen. Ob wir »Gottes Söhne« werden, ob wir uns also »Christen« nennen dürfen, hängt davon ab, ob wir »Friedensmacher« werden.

Zum anderen: den Staat als die Rechtsordnung einer Gemeinschaft freier Menschen, als das dritte Glied des sozialen Organismus, zu befreien aus der Bevormundung durch das Wirtschaftsleben, aus der Hand der Wirtschaftsdiktatoren. Denen, die das Gleichgewicht herstellen, wird das Erbe der Erde zufallen.

Zum letzten: in einem »gleichen Recht für alle« die Freiheit zur persönlichen Entfaltung zu sichern und die Freiheit des Urteils und des Wortes ohne Verketzerung und Benachteiligung in einer Gemeinschaft freier Geister zu gewährleisten. Nur wo diese Freiheit waltet, ist der Geist des Herrn. Und das Christus-Reich auf dieser Erde zu begründen, sind wir gerufen. Sonst ist der Anlauf der christlichen Geschichte vertan.

Darum gilt der Zuruf des Paulus an die Epheser für heute:

»Um dessentwillen ergreifet den Harnisch Gottes, daß ihr an dem bösen Tage Widerstand tun und das Feld behalten möget... So stehet nun..., in Bereitschaft, vorwärts zu treiben die Frohe Botschaft des Friedens!«

Freies Geistesleben
in den Völkern der Einen Menschheit

VON DER FREIHEIT
EINES CHRISTENMENSCHEN

Die größere Gefahr

Bei einem Gedankenaustausch, zu dem ein führender Politiker Repräsentanten der ökologischen Bewegung eingeladen hatte, wurde die Frage nach der größten Bedrohung in unseren Jahren aufgeworfen. Die Gäste wiesen sofort auf die zunehmende Vergiftung unserer Umwelt und auf die daraus für Erde und Mensch folgernden tödlichen Gefahren hin. Der Gastgeber hingegen begründete seine vorrangige Sorge um die Erhaltung des Friedens angesichts der allenthalben erkennbaren Spannungsfelder und der Eskalation der Rüstungsanstrengungen in West und Ost. Man einigte sich schließlich auf das »sowohl als auch«, denn was bedeutet die Erhaltung des Friedens, wenn in einem Jahrzehnt der Erdenhaushalt heillos zerstört ist, und was helfen noch so gewaltige Anstrengungen, dies zu verhindern, wenn durch einen Atom-Krieg die Erde weitgehend unbewohnbar gemacht wird?

Keiner sprach von einer anderen, noch größeren Gefahr. Auf diese hat *Robert Jungk* in seinem Buch »Die Zukunft hat schon begonnen«[24] schon vor dreißig Jahren als die Auflösung der Individualität hingewiesen. Er beschreibt darin aus mannigfachen Erfahrungen in den USA den Griff nach der Allmacht, nach dem Himmel, nach dem Atom, nach der Natur – alles Ansätze, die damals noch als »Zukunft« erschienen, heute aber längst Realität wurden und zum Teil bereits überrundet sind. Dies gilt auch für den »Griff nach dem Menschen«. Wir können hier nicht auf die erschütternden Schilderungen eingehen, die damals schier unglaublich erschienen. Es kann nur empfohlen werden, noch einmal und gerade heute diese unheimliche Prophetie zur Hand zu nehmen. Nachfolgend haben die Bücher von Packard: »Die geheimen Verführer« und »Die große Verschwendung« oder die Untersuchung von Juan Bosch über den »Pentagonismus« erneute Aufklärung über die gesellschaftliche Entwicklung in den »Staaten« gebracht.[25]

Inzwischen ist die Drachensaat aufgegangen. Die bereits erwähnte Untersuchung des US National-Committees gegen Geisteskrankheiten[26] verdeutlicht die traurige »Endstation Sehnsucht« des so vielen Zeitgenossen immer noch erstrebenswerten »American way of life« in die Wachstumsgesellschaft für 40 Millionen auf das Abstellgleis geschobener Individualitäten. Wir alle sind längst auf dem gleichen Wege zur völligen Auflösung unserer Kultur. »Die Verschmutzung des Ich«, von welcher der Franzose Luysseran warnend spricht, breitet sich als seelische Infektionskrankheit fortschreitend aus. Der Mensch ist in Lebensgefahr!

Der erwähnte Bericht, herausgegeben vom ehemaligen Bundesminister für Forschung und Technologie Volker Hauff, folgert richtig: »Diese psychische Grundstimmung enthält brisanten politischen Sprengstoff. Totalitäre Strömungen, Terror, der Ruf nach dem ›starken Mann‹, der Ordnung schafft, finden in derart verkrüppelten seelischen Strukturen ihren Nährboden. Stimmt aber der menschliche und politische Kompaß nicht mehr, der in einer fortschrittlichen Gesellschaft in Richtung Menschenwürde und soziale Utopie zeigen sollte, dann läßt sich die Entwicklung nicht mehr steuern. Wachstum wird zum Krebsgeschwür.« Das ist es längst geworden!

So ist es nicht Zufall, daß – in den gleichen Jahren wie Robert Jungk – George Orwell in seiner Vision »1984« die totale Diktatur des »Großen Bruders« anzeigt, in der ein jede geistige Freiheit abtötender Konformismus über die Gesellschaft sich ausbreitet, der zum Maßstab für das »Wohlverhalten« des einzelnen wird.

Sind wir nicht auf dem »besten« Wege dazu? Es wäre irreführend, diese Diktatur in äußeren Zwangsmaßnahmen zu erwarten; auch dieses »Gegenreich Gottes« kommt nicht mit »äußerlichen Gebärden«, sondern breitet sich »inwendig *in uns*« vor. Es hat schon seine ersten »pädagogischen Provinzen« erobert und mehr Menschen zu seinen abhängigen Vasallen gemacht, als diese selbst es ahnen. Beobachten wir einmal selbstkritisch unsere Begriffsbildungen und die in der Öffentlichkeit gängige Sprache:

Orwell beschreibt die Schlagworte seiner Utopie: »Krieg bedeutet Frieden, Freiheit ist Sklaverei, Unwissenheit ist Stärke.« Haben wir diese uns zunächst absurd anmutenden Parolen nicht schon längst in unsere Vorstellungen aufgenommen? Heute heißt es bereits: »Atomrüstung bedeutet Frieden«, »Freiheit ist Ausleben aller Begierden« (und damit doch wohl Versklavung durch unsere Triebnatur), »Unwissenheit (der Bürger) ist Stärke (der Monopole)«. Das »Auge des Großen Bruders«, das nach

Orwells Vorstellung als technische Einrichtung kontrollierend in jede Wohnung schauen kann, ist erst im akustischen Bereich durch die versteckte »Wanze« realisiert, doch die Angst vor der öffentlichen Meinung, die von einer Minderheit in den Massenmedien manipuliert wird, beherrscht schon die Mehrheit. Weh' dem, der von diesem »Auge« durchleuchtet wird: als »Kommunist«, als »Faschist« oder als »Außenseiter«, das heißt als Non-Konformist mit selbständigem Urteil. Es gibt bereits Normen für öffentliches »Wohlverhalten«, die nicht ungestraft verletzt werden dürfen. War früher ein bestimmter Bereich, die sogenannte »Intimsphäre«, geschützt und wurden heranwachsende junge Menschen durch Verbot pornographischer Veröffentlichungen vor deren brutaler Äußerung bewahrt, so wird heute schon darüber befunden, was innerhalb des gesellschaftlichen Raumes erörtert werden darf, ohne sich »schlimmsten« Verdächtigungen auszusetzen, und sogar – früheren mit Recht verurteilten Bücherverbrennungen nicht unähnlich –, was verbreitet werden darf und was nicht. Zu dem bisher bestehenden theologischen »Index« ist der politisch-historische hinzugetreten. So werden Forderungen nach »ganzheitlichem Denken«, »gesunder Lebensweise«, »Hinwendung zur Natur« und auch »Sparen« jetzt in den Verruf »neo-faschistischer« Tendenzen gebracht.[27] Tägliche Beispiele in der Presse beweisen die Umdrehung oder die Abwandlung einer Aussage in ihr Gegenteil, wenn dies opportun erscheint. Wer sich in unmittelbarer Berührung mit Zeitproblemen um einen Beitrag zur öffentlichen Bewußtseinsbildung bemüht – statt zu schweigen – kann davon »ein Lied singen«.

Die »höchste« Versuchung

Da sind wir wohl alle leicht der Versuchung ausgesetzt, die Lukas als die letzte – und für ihn wohl am gefährlichsten erscheinende – schildert: Stellvertretend für uns alle wird der Menschensohn vom Widersacher auf die Zinne des Tempels geführt, wir würden heute sagen: auf die »Höhen des Geistes«, auf denen gut wandeln ist, indem man den Lärm der Straße, ihren Staub und Kot weit unter sich läßt, und das Geschrei der Menge nur noch wie ein dumpfes Brodeln in die einsame Höhe dringt, wie man dies z. B. auf einer der Turmspitzen des Kölner Doms erfahren kann. Oder wie »erhebend« ist es doch, der »Welt« auf einem Berggipfel entrückt und nur noch im Gespräch mit dem ewigen Geist zu sein. Gilt es nicht auch für jedes Erlebnis von Kunst und Dichtung, von Erkenntnissen, die uns beglücken, was Goethe als örtliches und geistiges Gipfelerlebnis schildert: »Weit, hoch, herrlich der Blick rings ins Leben hinein: von Gebirg' zu Gebirg' schwebet der ewige Geist, ewigen Lebens ahndevoll!«[28] Wir brauchen solche Stunden, aber wir dürfen nicht auf den Zinnen der Berge oder des inneren Heiligtums verharren wollen. Der Versuchung auf der Tempelzinne wäre Petrus erlegen, als er die Verklärung Christi auf dem Berge Tabor schaute: »Herr, hier ist's gut sein! Hier laß' uns Hütten bauen.« Doch der Herr steigt mit den drei Erwählten hinab ins Tal zu den »Mühseligen und Beladenen«, um zu helfen und zu heilen.

Lesskow, der große russische Erzähler, beschreibt in Hermius einen Mann im alten Byzanz, der aus »hohen« politischen Ämtern – angewidert vom Alltagsklüngel und dem Treiben der »Gasse« – in die Einsamkeit zieht, um sich entsprechend einem frühchristlichen Brauch als Eremit ausschließlich frommer Betrachtung zu weihen. Er läßt sich, treu versorgt von ehrfürchtigen Ackerbauern, in einer erhöhten Felsennische nieder, die er erst nach langen Jahren verläßt, da er von einer inneren Stimme gerufen ist, einen anderen unbekannten Zeitgenossen in der entfernten großen Stadt aufzusuchen, der ihm als »Heiliger« bezeichnet wird. Der ehemalige große Staatsmann findet zu seiner Betroffenheit den »Gaukler Pamphalon«[29] unter den merkwürdigsten Lebensumständen vor. Auch dieser strebte nach einem »frommen« Leben, wurde aber seiner Meinung nach immer wieder davon abgehalten, weil es zu viele Bedürftige gab, denen er seine helfende Hand leihen mußte. So ergab er sich in sein Schicksal, in Demut ein Dasein im Schatten zu fristen, von dem jedoch für seine Mitmenschen ein strahlendes Licht ausging. Auch Hermius, der Einsiedler, wurde davon getroffen und erlebte reuevoll, welchen Möglichkeiten der Hilfeleistung er zugleich mit seinem irdischen Amte entflohen war, um sich seiner eigenen »geistigen Entwicklung« zu widmen. Die ihm zugewiesene Aufgabe war damit verraten. Als beide, der Erdenflüchtling und der Gaukler, in ihrer gleichzeitigen Todesstunde in den Himmel aufgehoben werden, tut sich zwischen ihnen eine Schranke auf, »etwas wie ein

Zaun oder wie ein Gitter, freilich war keiner seiner Stäbe dem anderen ähnlich. Und Hermius sah, daß es Zeichen waren, der ganze Himmelsraum war erfüllt von riesigen hebräischen Lettern, mit Kohle und Asche war ein Wort hingeschrieben: ›Eigendünkel‹. Das ist meine Schranke, dachte Hermius und hielt still. Pamphalon aber faltete sein Gauklergewand und fuhr mit diesem darüber hin und hatte in einem Nu das ganze Wort von dem ganzen unendlichen Raum weggewischt, und im nämlichen Augenblick befand sich Hermius in einem unsäglichen Licht und fühlte, daß er in eine Höhe schwang, und daß er Hand in Hand mit Pamphalon flog...«.

Der Versucher wollte Jesus einen anderen Weg empfehlen: Wer auf den Höhen des Geistes wandelt, »schwebt« oft über den alltäglichen Dingen des irdischen Lebens. Er fragt sich vielleicht: »Bin ich als geistig strebender Mensch nicht über die Natur ›erhoben‹ und daher ihren Gesetzen gegenüber ›erhaben‹?« Das will der Verführer bekräftigen: »Laß dich hinab und die Engel werden ihre Hände unter dir breiten!« Doch vor dieser Illusion und jedem geistigen Hochmut warnt der Christus: »Du sollst Gott, deinen Herrn, nicht versuchen!« Das ist eine deutliche Absage nicht nur gegen okkulte Magie und Schamanen-Praktiken alter Art, sondern auch ein klares Bekenntnis zu den Gesetzen dieser Erde, die von göttlichen Mächten so eingerichtet und daher als »irdische Hausordnung« zu respektieren sind. Wir sollen die Erde »ernst nehmen« und uns auf ihre Gesetzmäßigkeiten einlassen, nicht nur auf diejenigen der Natur, sondern auch auf die des menschlichen Lebens und seiner Ordnung.

Der Versuchung des »Bergerlebnisses« widerstand in der Nachfolge Christi Elisabeth von Marburg, die Heilige deshalb genannt, weil sie von ihrer Burg – und der Höhe ihres Gebetslebens – ins »Tal« hinabstieg, um dort die Armen und Kranken in ihre Liebe aufzunehmen und ihnen in Fürsorge und Pflege zu *dienen* – ein leuchtendes Beispiel im Beginn unseres Zeitalters für *jeden* sozialen und politischen Dienst. »Eine jegliche Arbeit kann dem Ganzen der Menschheit dienen« – führt Rudolf Steiner in Beantwortung der Frage aus: »Wie erlangt man Erkenntnisse höherer Welten?« – »und es ist viel größer von der Menschenseele, sich klarzumachen, wie notwendig eine kleine, vielleicht häßliche Arbeit für dieses Ganze ist, als zu glauben: ›Diese Arbeit ist für mich zu schlecht, ich bin zu anderem berufen.‹«

Wir erfahren in der Hinwendung zum Mitmenschen keineswegs eine Minderung unseres Eigenseins, wir erwerben uns damit auch kein moralisches Verdienst, sondern vollziehen nur eine Selbstverständlichkeit, denn wir sind als *»zōon politikon«* – wie es Aristoteles kennzeichnete –, als »gesellschaftliches Lebewesen« angelegt und stellen vergleichbar den im Gruppenverband lebenden Tieren einen Organismus dar, dem der einzelne als Organ einge»glied«ert ist. Die Bedeutung der Individualität liegt in der Ausprägung ihrer Eigenart, die sie befähigt, die ihr zukommende und nur ihr mögliche Aufgabe zu erfüllen, so wie Herz und Niere, Lunge und Magen nicht austauschbar sind. Denn das Individuum gewinnt seinen Wert nur durch den »Ort«, den es im größeren Ganzen und für dieses einnimmt. Mit Recht ist hier von »Stellenwert« zu sprechen. Der unheilvollen, weil den »Organismus Mensch« krank machenden Verabsolutierung der Individualität, wie sie sich in unserer Zeit überwuchernd als exzessiver »Liberalismus« äußert, hat der Christus Jesus in den von Johannes überlieferten Aussagen ein Bild gegenübergestellt, das sich tief in das christliche Bewußtsein eingeprägt hat; insbesondere dort, wo gesunde, der Erdenaufgabe zugewandte Volksfrömmigkeit einen Ausdruck für ihr Selbstverständnis vom Menschen schuf. An den Hoftoren der ostfälischen Bauernhäuser ist oft in die stützenden Eichenbalken das Bild eines Weinstockes eingemeißelt. Tagtäglich gehen die Insassen und Besucher des Hofes daran vorüber, gewiß beachten sie die Sinnzeichen selten, dennoch wirken diese unbewußt auf sie. Was soll der Weinstock in einem Lande, das den Weinbau nicht kennt? Wie die Bibelsprüche über dem Tor eine Erinnerung an die Frohe Botschaft sind, so ist dies eine Darstellung jenes Evangeliums, in dem es heißt: »Ich bin der Weinstock, ihr seid die Reben!« Ein stetes Erinnern also an den Menschengott, in dem wir nach dem Worte des Paulus »alle leben, weben und sind«. Auch in der Apokalypse des Johannes spricht er von sich als der »Wurzel«, als dem »Reis«. Das uralte Bild des Lebensbaumes der Welt, wie es alle waldentsproßten alten Kulturen des Nordens kennen, schimmert im Gleichnis vom Weinstock durch. Es ist ein Realsymbol, denn »alle wuchsen wir« – wie Hölderlin sagt – »aus dem gold'nen Samkorn herauf«[30].

Jeder Baum spiegelt den Stammbaum unseres eigenen Werdens: aus dem monophyletisch (einstämmig) hervorgewachsenen Stamm der Menschheit verästeln sich die

Grundrassen, aus ihnen verzweigen sich die »Stämme«, wie sie fälschlich genannt werden, aus diesen die feineren Zweige der Sippen und schließlich die Knospen der Individualitäten, die schon durch ihre Benennung »individuum« = »Das Unteilbare« verdeutlichen, daß es nun in der Differenzierung nicht mehr weitergeht, sondern das Ziel der Evolution erreicht ist: das einzelne Ich, das zum Bewußtsein seiner selbst erwacht und in dem das selbständige Denken beginnt. Dennoch – so meint das Bild des Christus fraglos – vermag es sich nicht aus dem größeren Zusammenhang ohne Gefahr seines Lebens zu lösen. Es bleibt auf die Gruppe angewiesen, nicht nur physisch-existentiell, sondern in seinem ganzen Sein. Löst es sich in Selbstüberhebung aus dem Lebensstrom, der durch den »Stamm« fließt, »verdorrt es und wird weggeworfen und verbrannt«. Denn es hat seine Aufgabe nicht erfüllt. Die Rebe oder das Blatt sind ja nicht bestimmt, sich selbst darzuleben, sondern den Stamm aus der ihn umfließenden Luft zu nähren, so wie vom anderen Pol her, aus der Wurzel, die Blätter, die Reben und werdenden Früchte mit der nötigen Feuchte versorgt werden. Es ist ein gegenseitiges Nehmen und Geben. Das Individuum lebt aus der Ganzheit, und das Ganze hat Anspruch auf die Einordnung und Hingabe des Individuums.

Dabei ist bemerkenswert, daß zum Bilde von Weinstock und Rebe ein Drittes hinzukommt: die Traube. Sie stellt sinnfällig in harmonischer Gestalt die Gemeinsamkeit einer Gruppe von Beeren dar und damit noch einmal die Zusammengehörigkeit von Einzelwesen in einer größeren Gemeinschaft.

Freie Individualitäten und freie Völker in der Einen Menschheit

In der Geschichte haben sich Zusammenhänge gebildet, die – wie es mißverstanden wurde – zunächst keineswegs nur blutmäßiger, also erbgebundener Art sind: die Völker. »Völker sind Gedanken Gottes«, hat Herder empfunden, sie sind geistigen Ursprungs und manifestieren sich in einem geistigen Element: in ihrer Sprache. Diese ist ja nicht entstanden als »zufällige« oder »verabredete« Signalsprache zur gegenseitigen Verständigung, sondern gewachsener Ausdruck einer tiefen Weisheit, die unmittelbar aus dem Logos der Welt, aus dem göttlichen Weltenwort, erflossen ist. In jeder Sprache ist eine umfassende Philosophie verborgen, die wir uns nur zu erschließen brauchen und die nicht erst in sinnreichen »Redensarten«, sondern bereits in der Bildung der Begriffe und im Reichtum der Wortbilder wie in der Grammatik sich dem aufmerksamen Hörer offenbart. Ein in der Sprache sich »äußernder« Volksgeist will sich als Volk inkarnieren. In der Entstehungsgeschichte des deutschen Volkes wird dies deutlich. »Deutsch« ist ursprünglich die Bezeichnung einer Sprache. Auch hier gilt also die Erkenntnis: »Im Urbeginne war das Wort« – die Sprache schuf die Völker? Volkwerdung ist Geistgeburt. Rudolf Steiner spricht von den Erzengelwesen, die als »Volksidee« die Völker hervorriefen, leiten und entwickeln.

Auf deren Bedeutung für die Zukunft der Menschheit hat Rudolf Steiner bereits 1910 in Oslo hingewiesen während eines Vortragszyklus über »die Mission einzelner Volksseelen«: »Ebenso wie es begründet ist, daß bisher sozusagen bis zu einem gewissen Grade von dieser Mission ganz geschwiegen wurde, ebenso begründet ist es, in unserer Gegenwart damit zu beginnen, von dieser Mission zu reden. Es ist aus dem Grunde von einer ganz besonderen Wichtigkeit, weil die nächsten Schicksale der Menschheit in einem viel höheren Grade, als das bisher der Fall war, die Menschen zu einer gemeinsamen Menschheitsmission zusammenführen werden. Zu dieser gemeinsamen Mission werden aber die einzelnen Volksangehörigen nur dann ihren entsprechenden freien, konkreten Beitrag leisten können, wenn sie vor allen Dingen ein Verständnis haben für ihr Volkstum, ein Verständnis haben für dasjenige, was man nennen könnte ›Selbsterkenntnis des Volkstums‹. Wenn im alten Griechenland in den appollinischen Mysterien der Satz: ›Erkenne dich selbst‹ eine große Rolle gespielt hat, so wird in einer nicht zu fernen Zukunft der Ausspruch an die Volksseelen gerichtet werden: ›Erkennet euch selbst als Volksseelen‹.«[31]

Aus ihrem geistigen Ursprung folgern die unterschiedlichen Wesenheiten der Völker als die Farben, in die sich im Spektrum des Menschseins das Eine Licht der Gottheit auseinanderfaltet. Diese Erkenntnis erweckt aber zugleich ein Bewußtsein, daß sich die Völker als aufeinander zugeordnet verstehen müssen, daß *keines* das Recht hat, sich zu verabsolutieren, d.h. für das Ganze zu nehmen und sich als »Auserwählte« dem Herzen Gottes besonders nahe zu glauben. Mit der An-Erkenntnis von der Vielfalt der »Gottes-Gedanken« ist jeder »Nationalismus« selbstherrlicher Art in die Schranken gewiesen, zugleich aber auch einer nivellierenden Vorstellung von einer uniformen Menschheit die Widerlegung zuteil geworden: die »family of man«, wie in der englischen Sprache so schön und richtig die Zusammengehörigkeit aller Menschen gekennzeichnet wird, ist eine weitverzweigte *Familie*, zu der sich die Einzelmenschen *und* die von ihnen getragenen Völker als »Glieder« zugehörig fühlen dürfen. Daher wirken in unserer Zeit beide Tendenzen: die des wachsenden Ich-Bewußtseins und diejenige zur Gemeinschaft hin. »So daß man in einem gewissen Sinne zwei Pole anerkennen kann – auf der einen Seite den Individualismus, auf der anderen Seite den Sozialismus.« Und Rudolf Steiner fügt dieser Feststellung in seiner »Geschichtlichen Symptomatologie«[32] hinzu: »Sie alle sind sozialistisch, Sie wissen es oftmals nicht, wie stark Sie sozialistisch sind!« Er meint damit natürlich nicht ein Parteibekenntnis, sondern die große Sehnsucht nach Gemeinsamkeit, die bewußt oder unbewußt die Seelen in unserer Zeit durchzieht. In einem sich erneuernden Christentum bedeuten beide Impulse keine Gegensätzlichkeit. Sie vereinen sich zur Ganzheit des Menschen. Beide sind daher »fällig«.

Das »Toleranz-Edikt« für unsere Zeit

Wie für die Individualität die Allgemeinen Menschenrechte, aufgenommen in die UNO-Charta 1945 und bekräftigt in Helsinki 1975, volle Gültigkeit beanspruchen, so selbstverständlich auch für die freie Entfaltung der *Völker* als der Gruppenpersönlichkeiten der Menschheit. Die Freiheit der Individualität und der Völker ist allerdings durch den von Robert Jungk gefürchteten Atomstaat[33] ebenso gefährdet wie durch den »Großen Bruder« in George Orwells Vision »1984«. War für beide Zeitkritiker die Sorge um eine Übermacht des Staates die Veranlassung zu ihren Kassandra-Rufen, so ist inzwischen die Frage, inwieweit als Rechtsträger gerade der Staat im Sinne des Grundgesetzes für alle Bürger die allseitige Freiheit der Meinungsbildung und ihrer uneingeschränkten und unbefangenen Äußerung, entgegen jeder Verfemung entgegengesetzter Ansichten, entschieden schützen muß. Mehr in dieser Hinsicht vermag gewiß ein gesellschaftlicher Konsens, ein »christliches Klima«, zu dem wir selbst entscheidend beitragen können, denn »wo der Geist des Herrn ist, da ist Freiheit« (2. Kor. 3, 17) und nur, wo Freiheit ist, waltet der Geist des Herrn, wird Christentum in dieser Welt verwirklicht. So proklamierte Martin Luther »die Freiheit eines Christenmenschen«.

Dazu trägt bei, weniger von Freiheit zu reden oder sie

beständig für sich zu beanspruchen, als vielmehr sie zu bieten. Das führt noch hinaus über die schöne und wahre Feststellung von Rosa Luxemburg: »Meine Freiheit endet an der Grenze der Freiheit des anderen!« Indem wir Freiheit schenken, wandeln wir auf göttlichen Spuren. Um dieses Bekenntnis zur Geistesfreiheit »durchtragen« zu können, bedarf es einer großen Tragekraft. Ihr herkömmlicher Name ist Toleranz. Das Wort kommt aus dem Lateinischen tolerare = er»tragen«. Auch wir gebrauchen das gleiche Wortbild vom »tragen«. Aber es kommt noch auf etwas anderes an: wir sollten das »andere«, das Gegenteilige nicht nur er-tragen. Der Franzose nennt das: »laissez faire, laissez passer« und meint damit »Laß' ihn doch tun, laß' ihn gehen!« Habt Gleichmut gegenüber dem Andersdenkenden! Das ist schon etwas, aber es ist zu wenig. Wir sollten auf den anderen zugehen, uns für ihn »interessieren«, und das heißt doch wörtlich: »innerhalb sein«, also in ihn hineingehen, »in seine Haut zu schlüpfen« versuchen, uns »in seine Rolle versetzen«. »Von innen«, aus seinem Aspekt sehen die Dinge ganz anders aus. Ich verstehe ihn dann besser, weil ich in ihm drin stehe und seiner »inne geworden bin«, wie eine ältere Redensart statt des so völlig abgebrauchten »inter-esse« sagt. Eine solche Bemühung kann als »aktive Toleranz« bezeichnet werden, weil sie auf den anderen aktiv zugeht. Das daraus möglich werdende Verstehen kann zum »*ver*-tragen« führen, das heißt, zum »ganz und gar«-Verstehen, und daraus vielleicht sogar zu einem »Ver-trag«. Ich kann mich mit dem »Gegner« von ehedem zusammenfinden, um in gemeinsamen Anliegen etwas Gemeinsames mit ihm zu tun. Und kommt es darauf – angesichts der unverkennbaren Auflösung aller Bindungen und heillosen Zersplitterung in persönliche und Gruppen-Egoismen – nicht gerade heute an?

Im Matthäus-Evangelium[34] nennt bei der großen Abrechnung der König diejenigen »Erben des Reiches«, die sich in Barmherzigkeit ihren Mitmenschen zugewandt haben: diejenigen, die die Hungrigen gespeist, die Durstigen getränkt, die Nackten bekleidet, die Gäste beherbergt, die Kranken und Gefangenen besucht haben. Er anerkennt dies als ihm selber angetan, ihm, der für das Reich Gottes steht. Alles, was wir dem Mitmenschen antun, im Guten wie im Bösen, fügen wir diesem Reich zu oder enthalten es ihm vor, ja tun wir uns selbst an, die wir miteinander dieses Reich oder den Großen Menschen darstellen. Rudolf Steiner fügt diesem Gleichnis in seinen Vorträgen über »die geistigen Hintergründe der sozialen Frage« 1919[35] eine neue, höchst beachtenswerte Note hinzu: »Was Ihr von dem Geringsten meiner Brüder *verstanden* habt« – so spricht der Christus heute – »das habt Ihr von mir verstanden!« Das darf als *das »Toleranzedikt« unseres Jahrhunderts* bezeichnet werden, – weit erhaben über alle Deklamationen derer, die zwar den Trend der Zeit verstanden haben, aber ohnmächtig sind, ihn zu verwirklichen.

In der beispielhaften Verwirklichung dieser Gesinnung haben Christen eine »Mission«: Sie sind aufgerufen, »das Salz der Erde« zu werden. Ihre Minderheit kann imprägnierend wirken wie das Salz in der Speise. Friedrich Rittelmeyer wird das mahnende Wort zugesprochen: »ER hat nicht gesagt: ›Ihr seid das Salzfaß!‹« Sich hineinzugeben in die menschlichen Zusammenhänge und verwandelnd zu wirken, ist die Aufgabe, die wir zu erfüllen haben. Goethe bekennt sich zu einem solchen »Sozialismus des Geistes«: »Was such' ich den Weg so mühevoll, wenn ich ihn den Brüdern nicht zeigen soll?« Das im Geistigen Gewonnene gehört nicht mir. Ich muß es als Frucht der Erkenntnis allen zur Verfügung stellen. Selbstverständlich hat dies ohne Aufdringlichkeit und Besserwisserei zu geschehen. Denn nichts ist im Umgang mit Menschen schwerer zu ertragen als missionierende Indoktrinierung.

Was ist »das Köstlichste«?

Johann Wolfgang Goethe, der Heide und der Christ, wie Rudolf Meyer ihn gekennzeichnet hat,[36] weist in einer wenig bekannten Dichtung »Die Geheimnisse« auf dieses Mysterium der Gemeinschaft hin. Er schildert eine in der Zurückgezogenheit lebende Bruderschaft. Im Kapitelsaal sind 13 Stühle aufgestellt, deren jeder durch das Wappen seines »Besitzers« gekennzeichnet ist. Jedes Wappen spricht Charakter und Temperament seines Trägers in Tiergestalten und Farben aus. So zeigen sie das bunte Spektrum menschlicher Eigentümlichkeiten. Nur der dreizehnte Stuhl in der Mitte dieser Runde trägt ein solches Wappenschild nicht, sondern ein Kreuz mit einem Kranz von Rosen: den, der diesen Platz einnimmt, wenn die zwölf sich versammeln, nennt Goethe den *Humanus.* Das ist also derjenige, der bereits durch seinen Namen das »Menschliche« schlechthin darstellt: der »Repräsentant der Menschheit«. Goethe hält hier in scheuer Verhaltenheit den Namen des Gott-»Geweihten« zurück, doch wir spüren, wen er meint. Der Genius der Menschheit kann immer dann in Erscheinung, in seine »Epiphanie« treten, »wenn zwei oder drei versammelt sind in seinem Namen«, in seinem durch den Namen angesprochenen *Wesen:* »Und aus seinen Finsternissen tritt der Herr, soweit er kann, und die Fäden, die zerrissen, knüpft er alle wieder an« (Hebbel).

Dazu ist vielfältige Veranlassung gegeben und immer neue Gelegenheit zu schaffen. Das wird geschehen, wenn er im Gebet angerufen wird, das kann aber auch in jenen Momenten sich vollziehen, wo Menschengeister einander begegnen im Austausch ihrer Erkenntnisse und ihrer Bemühungen um die individuelle und soziale Verwirklichung des wahren Menschseins. Auch dazu sagt uns Goethe ein Meditationswort in einer anderen Mysteriendarstellung, im »Märchen von der grünen Schlange«.[37] Dort fragt »der Alte«: »Was ist erquicklicher als Licht?« Und durch die Darstellung Goethes, des großen Augenmenschen, der so ganz mit dem Lichte lebte und von dem wir daher annehmen möchten, daß für ihn das Licht das Höchste war, erfahren wir: »das Gespräch!« Das läßt aufmerken: so wichtig ist dem großen Meister und Kenner des Lebens dieses Medium menschlicher Kommunikation. Selbstverständlich ist dasjenige Gespräch gemeint, das geistdurchdrungen, »licht-ersehnend« zum »Lichtes-Spender« führt.

Ein solches Gespräch muß ohne Rückhalt *offen* geführt werden können, es muß brüderlich den anderen schützen, wo er eine Blöße zu zeigen scheint, – anstatt diese auszunutzen und zuzustoßen, wo er schwach ist, um ihn »aus dem Sattel zu werfen«. Es sollte nicht »festnageln« wollen oder in Denkschemata einsperren, die es gerade zu überwinden gilt. Es sollte jene Freiheit schenken, die – als »Lehrer« in diesem Falle auch für Christen – ein »Aufklärer«, ein in seinem Selbstverständnis sich als »Atheist« Empfindender forderte. Voltaire wird anläßlich einer heftigen Auseinandersetzung das große Wort zugeschrieben: »Monsieur, ich hasse Ihre Meinung und werde diese überall bekämpfen, ich würde aber auch mein Leben dafür einsetzen, daß Sie Ihre Ansicht frei und ohne Schaden vertreten können.«

Nur so kann aus der immer noch nach mittelalterlicher Weise gängigen Disputation, in der jeder von seiner Kanzel dem Gegenüber nur seinen »Stand«-punkt argumentiert und alles darauf anlegt, »recht zu behalten«, statt einer »Diskussion«, die im dis-cutere (=spalten!) nur »Kleinholz« macht, statt einer »Aus-einander-setzung« ein »Zusammenrücken« werden, also ein Gespräch, das zusammenführt und darum als erquicklicher empfunden werden mag als selbst das Licht, eben, weil es das Farbenbündel der verschiedenen Aspekte wieder zum Ur-Licht vereinigt. Wir erfahren ja immer wieder, daß wir nur durch das Gespräch die Wahrheit ermitteln können, indem wir von den verschiedenen »Stand-Punkten« aus die mannigfachen Aspekte des anzuschauenden Phänomens uns mit-teilen. Wir alle wissen längst, daß z. B. ein Bauwerk in seiner Gestalt von entgegengesetzten Seiten einen manchmal recht unterschiedlichen Anblick bieten kann. Die volle Beschreibung und damit die »Realität« oder die »Wahrheit« ergibt sich erst durch den Austausch der verschiedenen Eindrükke. So ist es auch mit geschichtlichen Phänomenen – jeder Richter kennt die nicht selten einander widersprechenden Zeugenaussagen. Dies scheint auch für den spirituellen Bereich nicht anders zu sein, indem nicht *ein* kanonisches Zeugnis über das Leben des Christus Jesus berichtet, sondern derer vier, die sich nicht nur ergänzen, sondern in manchem so sehr widersprechen, daß Voreilige daraus die Glaubwürdigkeit der Aussage selbst in Frage stellten. Dies bedeutende Beispiel kann uns belehren, auch in der Beurteilung anderer historischer Ereignisse sehr sorgfältig und behutsam vorzugehen. Die bis heute kontrovers umstrittene Gestalt des großen Staufers Friedrich II. ist ein Beispiel für die Spannweite von abstandsloser Bewunderung bis zur gehässigen Verleumdung.[38]

Wir alle sind Wandergenossen auf dem Wege zur Wahrheit. Das alte Wort »Nihil humanum mihi alienum est« – »nichts Menschliches ist mir fremd«, kann eine neue und umfassende Bedeutung erhalten: Es sollte nichts geben, was nicht unter den Menschen angesprochen werden könnte. Die sogenannten »heißen Eisen« müssen angefaßt und gemeinsam geschmiedet werden zu Pflugscharen, die den Acker der Zukunft bereiten. Hier dient Ängstlichkeit nur dem Diabolos! Die Angst ist das beste Tor zum Einlaß des Bösen in die eigene Seele. Vom Diabolos, dem »Durcheinanderwerfer« und Zwiespalt-Stifter erzählt das Märchen,[39] daß er die Botschaft von Mensch zu Mensch verfälscht: der Brief, der dem im Felde weilenden König die Nachricht von dem freudigen Ereignis der Geburt seines ersten Sohnes übermitteln soll, wird dem unterwegs bei einer Rast eingeschlafenen Boten vom Teufel entwendet und durch einen anderen ersetzt, der von der Geburt eines Wechselbalges durch seine Frau berichtet. Und des Königs Antwort, sich ob dieses Unglücks ihrer pfleglich bis zu seiner Rückkehr anzunehmen, wird durch einen gleichen Tausch zur Aufforderung an seine Mutter, die Königin sofort zu töten. Wer »schläft«, muß sich versehen, daß seine Mitteilungen ins Gegenteil verkehrt werden, wenn der Widersacher unbemerkt seine Hand im Spiele hat. Hellwache Aufmerksamkeit ist heute im Umgang der Menschen untereinander vonnöten, soll es dem »alt-bösen Feind« nicht gelingen, durch heillose Mißverständnisse den von ihm gewünschten »Kampf aller gegen alle«, als die Selbstzerstörung der Menschheit, zu entfachen. Das gilt auf der Ebene der »hohen« Politik der großen Mächte, bei der jederzeit durch ein falsch verstandenes Signal möglichen Auslösung eines Atomkrieges ebenso wie für die Auseinandersetzungen der Parteien und den allgemeinen Umgang der Menschen miteinander.

Eine neue Gesprächskultur

Eine neue Verhaltensweise ist fällig. Der Kairós, der rechte Augenblick, ist auch für den Christen gekommen, ein »Licht« in der Welt zu entzünden und es nicht unter den Scheffel zu stellen: das Licht des Gesprächs. Damit kann jeder sofort anfangen. Das Zeitalter des »Parlamentarismus« kann dann in einem menschenwürdigeren Sinne als es gegenwärtig geschieht, zu einem »parlare« und »parlamentieren« führen, was ja bedeutet: miteinander zu sprechen, um miteinander zu einem Vertrag zu kommen – und das setzt eben »vertragen« und »Verträglichkeit« voraus. Solches Bemühen, in Gesprächskreisen begonnen, wird eine neue Atmosphäre des Gedankenaustausches bewirken und allmählich zum Vorbild für die öffentlichen Gespräche – auch in den Parlamenten – werden. Doch dies setzt ein fortschreitendes Üben voraus. Die Voraussetzungen sind gegeben, da ohnehin ein Vortrag *ohne* anschließenden Austausch, insbesondere für junge Menschen, immer weniger vorstellbar geworden ist. Gerade diese werden nur durch das offene Gespräch herbeigerufen. Der nach einem Vortrag übliche Dialog zwischen dem Referenten und seinen Zuhörern wird oft gefürchtet, weil er ein geistiges Erlebnis »zerreden« kann. Er sollte zu einem Rundgespräch untereinander geführt werden. Wichtig ist vor allem, daß das Gespräch nicht nur unter Gleichgesinnten stattfindet, sondern daß auf einem Forum menschlicher Begegnung die Möglichkeit eines allseitigen freiheitlichen Austausches geschaffen wird, wo Gegensätze kennengelernt und einander angenähert werden können. Nicht nur die Zukunft der Demokratie, sondern der Völker und der Menschheit hängt angesichts einer immer heilloser werdenden, bis in die Gehässigkeit gesteigerten Polarisierung davon ab. Wer den Krieg aller gegen alle vermeiden will, erkennt hier eine sozialtherapeutische Aufgabe christlicher Seelsorge von hervorragendem Rang.

Die »priesterliche« Aufgabe, in der Welt heilend zu wirken, ist heute *jedem* Menschen »guten Willens« zugesprochen. Frieden stiften und Frieden bewahren ist eine »königliche« Aufgabe. Der »Sohn des Menschen« – Inbegriff des Neuen, das aus dem Menschen hervorgehen will – »hat uns zu Königen *und* Priestern gemacht«. So sagt es die Offenbarung des Johannes. »Könige«, d. h. politisch Handelnde müssen wieder »Heilende« und »Priester«, und Therapeuten müssen wieder »Könige« werden. Für die Zusammengehörigkeit beider Elemente in der »christlichen« Persönlichkeit ist ein Bildnis in der Kathedrale von Reims, der geheiligten Stätte der Krönung der französischen Könige, ein beredtes Zeugnis: Es heißt die »Communion du chevalier«, »die Kommunion des Ritters«, und stellt diesen dar, wie ihm der gegenüberstehende Priester vom Altar die geweihte Hostie reicht. Umrankt sind beide Gestalten von Pflanzenornamenten, von Blättern des Weinstocks und der Eiche. Doch das Bemerkenswerte ist, daß diese nicht so zugeordnet sind, wie es vielleicht erwartet werden könnte: dem Priester das Weinlaub und dem Ritter das Eichenblatt!

Indem beide vertauscht sind, kann eine Hindeutung darauf empfunden werden, daß die Eiche das Wesen des Priesters, das Blatt des Weinstocks jedoch das des Ritters wie eine Komplementärfarbe ergänzen und vervollständigen soll zur Ganzheit. Beide, Priester und Ritter, gehören hier zusammen. Der oft behauptete Gegensatz zweier grundsätzlich nicht nur verschiedener, sondern entgegengesetzter Prinzipien menschlichen Daseins – wiederholt als unvereinbar dargestellt – wird hier zur Harmonie aufgelöst. »Ora et labora!« Vita contemplativa *und* vita activa, als welche das Mittelalter die beiden Verhaltensweisen kennzeichnete, sind als Zwillinge miteinander verbunden. Es sind die beiden Brüder des Märchens, die sich gegenseitig in Not und Gefahr zu Hilfe eilen.

Auch die Polarität von Ich und Wir erscheint dabei in neuem Lichte: Der »Priester« steht für »das Ich der Welt«, dem er sich in seinem Innersten zuwendet – hier selbstverständlich als Bild für den geistig Strebenden schlechthin gemeint. Der »Ritter« in uns kann nur in Gemeinschaft mit anderen Hüter des Landes und seiner Bewohner, »Wahrer des Rechtes freien Geschlechtes« sein. *Beide* Kräfte sind not-wendig! Die Krise der Menschheit ist nur zu meistern aus einer gemeinsamen Anstrengung aller Gutwilligen. Wer überleben will, kann es nur mit den anderen. Noch nie ist der Mensch in solcher Weise auf den Mitmenschen hingewiesen. Die Verwirklichung von »Persönlichkeit« vollzieht sich heute – wenn nicht immer – »im Strome der Zeit«: *jeder* ist aufgerufen, sich der res publica, den allgemeinen Angelegenheiten zuzuwenden. Diese heißen heute: Gewinnung des Friedens und Rettung der Erde! Ihr, die – wie

Paulus an die Römer schrieb (VIII, 19) – auf unser Offenbarwerden als Söhne der Gottheit harrt, wenden wir in Treue uns zu mit Rainer Maria Rilkes Bekenntnis:

»Erde, du liebe, ich will –
namenlos bin ich zu dir entschlossen
von weither!«

Anmerkungen

1 nach *Ronald Schiller* in »Lebensschutz-Informationen (LSI)« 10. Jahrg. 1979, Nr. 1. Erscheinungsort Vlotho/Weser S. 1

2 Häufigkeitsverteilung der Rückstände chlorierter Kohlenwasserstoffe in Frauenmilch (W. Heeschen, A. Blüthgen, A. Tolle), mitgeteilt von Michael Wortmann, a.a.O. 11. Jahrg. 1980, Nr. 1, S. 4 und Bürgerinitiative von Müttern zu Untersuchungen bei der Bundesanstalt für Milchforschung in Kiel, a.a.O. 10. Jahrg. 1979, Nr. 12, S. 3

3 *Kloke*, »Die Anreicherung von Schadstoffen im Getreide« in DFG-Forschungsbericht über Kolloquium vom 12./13.10.1978; ferner *v. Lerssner*, zitiert in »Ruhrnachrichten« vom 22.12.1981 – mitgeteilt in »Agrarrecht« von Ministerialdirigent *Dr. Josef Deselaers*, Düsseldorf (Juni 1982). Zu den nachfolgenden Angaben: *Ernst-Otto Cohrs,* »Und weiter sterben die Wälder« a.a.O. 13. Jahrg. 1982, Nr. 5, S. 5

»Alle Buchen in Nordbayern und im Spessart krank«, Frankfurter Rundschau 18. März 1982, und »Baumsterben«, 14. Januar 1983

Christa Möhring, »Wenn die Böden sauer werden – Absterbende Wurzeln beeinträchtigen die Nährstoffaufnahme«, Frankfurter Allgemeine Zeitung 20. Januar 1982

»Am Amazonas stirbt auch Europa« IFOAM 81/39

4 *Udo Ernst Simonis,* »Qualität des Lebens« als Handlungsziel der Wirtschafts- und Gesellschaftspolitik

in *Volker Hauff* (Hrsg.), Energieversorgung und Lebensqualität, Band 6 der »Argumente in der Energiediskussion«, S. 51

5 natur – Horst Sterns Umweltmagazin Jahrg. 1982, Heft 7. Die eindrucksvolle Darstellung stammt von *Walter Andreas Angerer*

6 *Rudolf Steiner,* Soziales Verständnis aus geisteswissenschaftlicher Erkenntnis. Fünfzehn Vorträge vom 3. Oktober bis 15. November

1919 in Dornach (Bibliographie-Nr. 191). Achter Vortrag vom 18. Oktober 1919, S. 175 f.

7 *Walter Dircks,* Die Antwort der Mönche, Frankfurt/M. 1952 S. 168

8 *Rudolf Steiner,* Die geistige Führung des Menschen und der Menschheit, GA 15

9 *E. F. Schumacher,* Es geht auch anders – Technik und Wirtschaft nach Menschenmaß, München 1974

E. F. Schumacher, Rat für die Ratlosen – Vom sinnerfüllten Leben (A Guide for the perplexed, London 1977) Reinbek bei Hamburg 1979

Amory B. Lovins, Sanfte Energie – Das Programm für die energie- und industriepolitische Umrüstung unserer Gesellschaft, Reinbek bei Hamburg 1978

Herbert Gruhl, Das irdische Gleichgewicht – Ökologie unseres Daseins, Düsseldorf 1982

Rudolf Gürtler, Die Macht den Liebenden – eine Standortbestimmung des Lebensschutzes, herausgeg. vom Verein für Lebenskunde, Postfach 6, A-5033 Salzburg

10 *Die Edda,* Der Seherin Gesicht (Völuspa), nach der Übertragung von *Felix Genzmer,* Jena 1933

11 *Matthäus* XII, 38–40

12 *Werner Georg Haverbeck,* Die andere Schöpfung. Technik – ein Schicksal von Mensch und Erde, Stuttgart 1978

13 *Apokalypse* XIX, 11–16

14 *Dietrich Bonhoeffer,* Widerstand und Ergebung, Briefe und Aufzeichnungen aus der Haft, hrsg. von E. Bethge, München 1951, S. 29 f.

15 Marx zitiert nach *Hanfried Müller,* Von der Kirche zur Welt, Hamburg 1961 S. 367

16 *Dircks,* a. a. O., S. 147

17 *Hans-Joachim Schoeps,* Preußen, Geschichte eines Staates, Frankfurt am Main 1966, S. 298

18 *Bhagavadgita,* Des Erhabenen Gesang, übertragen von *Leopold von Schröder,* Jena 1941, Erster Gesang, S. 6 f.

19 *Johann Wolfgang Goethe,* Das Märchen von der grünen Schlange, in den Unterhaltungen deutscher Ausgewanderter

20 *Roman Boos,* Rudolf Steiner während des Weltkrieges, Dornach 1933

21 *Apostelgeschichte,* XVII, 28

22 *Rudolf Steiner,* Geschichte und Überwindung des Imperialismus. Sechs Vorträge vor englischen Zuhörern in Dornach und Oxford, I. Vortrag, Dornach, 20. Februar 1920. Hervorhebungen von Roman Boos als Herausgeber

23 Sicherheit kerntechnischer Einrichtungen und Strahlenschutz. Rechenschaftsbericht und Programm, Herausgeber: Bundesministerium des Inneren, S. 198 und 199

24 *Robert Jungk,* Die Zukunft hat schon begonnen, Stuttgart/Hamburg 1952, als inzwischen von den USA nach Europa übertragene »Vision« einer menschenentwürdigenden Zukunft längst realisiert, doch gerade darum nach wie vor höchst lesenswert, nicht weniger
George Orwell, 1984 (Nineteen Eighty Four), 1949

25 *Vance Packard,* Die geheimen Verführer. Der Griff nach dem Unbewußten in jedermann (The hidden Persuaders), Düsseldorf 1957
Juan Bosch, Der Pentagonismus oder Die Ablösung des Imperialismus (El Pentagonismo sustituto del imperialismo 1968) Hamburg 1969

26 *Volker Hauff / Udo Ernst Simonis,* a.a.O siehe Anm. 4

27 *Jan Peters* (Hrsg.), »Der neue Rechtsextremismus«, Berlin 1980

28 *Johann Wolfgang Goethe,* Gedichte, »Schwager Kronos«

29 *Nikolai Lesskow,* Der Gaukler Pamphalon (1887)

30 *Friedrich Hölderlin,* Hyperion

31 *Rudolf Steiner,* Die Mission einzelner Volksseelen im Zusammenhang mit der germanisch-nordischen Mythologie, Vortragszyklus in Oslo vom 7.–17. Juni 1910, 1. Vortrag vom 7. Juni 1910

32 *Rudolf Steiner,* Geschichtliche Symptomatologie, GA 185, Neun Vorträge vom 18. Oktober bis 3. November 1918 in Dornach, 9. Vortrag vom 3. November 1918, Dornach 1942

33 *Robert Jungk,* Der Atom-Staat, Vom Fortschritt in die Unmenschlichkeit, München 1977

34 *Matthäus,* XXV, 34

35 *Rudolf Steiner,* Die geistigen Hintergründe der sozialen Frage, Vorträge 1919 in Dornach

36 *Rudolf Meyer*, Goethe, der Heide und der Christ, 2. Aufl., Stuttgart 1965

37 *Goethe*, a. a. O. siehe Anm. 19

38 *Dazu Peter Müller*, Friedrich II. Der Staufer und Staatsmann, Stuttgart 1978

39 *Grimm*, Kinder- und Hausmärchen, Das Mädchen ohne Hände